故事館

故事館

열두 살 주식왕

교실 속 재밌는 이야기로 배우는 경제와 투자

小學生的投資練習教室

教室

12歲，開始學股票

全芝恩（전지은）／文　高恩枝（고은지）／圖

郭宸瑋／譯　玉孝珍（옥효진）／審定

目錄

好評
推薦

「透過有趣、生活化的情境營造，孩子也可以輕鬆學懂股票投資。」

—— 小車X存股實驗，

《給存股族的ETF實驗筆記》作者

「『投資』、『理財』對於學生時期的我來講真的太遙遠，因為學校沒教、爸媽沒教，錯過了能『提早投資、創造複利』的機會。而《小學生的投資練習教室》不僅讓學生有提早認識理財的機會，也能讓剛出社會的年輕人有學習投資的思維。」

——蜜蜂爹，投資理財部落客

推薦序

正確了解什麼是投資，
就沒必要害怕

——玉孝珍，釜山松韶國小老師、YouTube頻道
「繳稅的孩子們」創辦人

提到「投資」，大家會想到什麼呢？有些
人可能會先想到股票投資或房地產投資。雖然
大家都聽過「投資」這個詞，但肯定也有些人
很難具體說明什麼是投資。投資就跟儲蓄一樣，
是一種「用錢來賺錢」的方法。而且，投資方
法中最具有代表性的項目就是「股票投資」。

跟儲蓄相較起來，股票投資是一種能夠賺
到大筆財富的方法；然而，投資也可能面臨賠

錢的風險。不過，我們沒有必要害怕投資，只要正確了解投資是什麼，以及如何使用正確的方法投資，就可以減少投資的危險性，並使我們的資產有所增長。

對大家來說，股票投資可能仍是一種陌生且困難的項目。大人口中講述的股票話題很難懂，也很無趣。但是，這本書的故事背景是發生在大家每天生活的學校裡，只要跟著書中的同學一起開始學習股票，就能以輕鬆有趣的方式，一點一滴了解股票的知識。

大家可以想像自己成為故事裡的角色，想想看「如果是我，會做出什麼選擇呢？」希望閱讀這本書的所有小朋友，都能像世界知名投資人華倫‧巴菲特（Warren Buffett）一樣，成為投資鬼才。

登場人物

張山老師

五年 1 班的班導。個子高大，聲音洪亮。在教室裡開了一間「大山證券公司」，每天的午休時間，都會將班上同學聚集起來。是一位用趣味方式介紹經濟與投資的超級英雄！

夏恩

害羞且容易嫉妒的女孩。雖然跟愛裝作樣的溫瑟成為同班同學很討厭，但自從「大山證券公司」開張之後，也開始享受起班級活動。一邊投資朋友的夢想，一邊找到自己的夢想，真是一石二鳥！

智語

夏恩最要好的朋友，也是她可靠的啦啦隊。總是抬頭挺胸，朝氣蓬勃。在「大山證券公司」裡擔任記者，迅速傳播放學後的活動消息。大家的投資收益會變得怎樣呢？

溫瑟

隨時都在捉弄夏恩，讓人火冒三丈的頑皮鬼。不過，你得承認他很聰明！在「大山證券公司」裡協助老師，表現十分活躍。

道允

夏恩暗戀的同學。在影像創作社裡負責美術相關的事務。夢想是前往美國，親自設計特斯拉公司的汽車。這個夢想，最後能夠實現嗎？

藝書

機器人科學社的王牌成員。腦袋相當聰明，還在科學競賽中獲得金牌。「大山證券公司」開張後，便獲得朋友的投資，同時得到許多支持。原本跟夏恩漸漸疏遠，兩人的關係也因此開始好轉。

第1章

一團糟的新學期

困難的自我介紹

「夏恩啊！劉夏恩！我們終於同一班了！哇哇哇！」

智語噠噠地跑過來，一把抓住夏恩的手。

「咦，你的表情怎麼這樣子？你不想要我們同班嗎？」

「不是啦，因為我是跑過來的，所以有點喘不過氣……」

「哦！你這麼想我啊？我早就知道了，所以特地留了旁邊的位置給你。」

智語勾起夏恩的手，帶她走到旁邊的位置上。

「可是比起我，跟權道允同班是不是讓你更開心啊？」

智語惡作劇般地笑著，小聲說著悄悄話。

「喂，不要亂說啦！」夏恩皺起眉頭，低聲說。

「同學們，大家好！」

過了一會兒，初次見面的年輕男老師一邊用洪亮的聲音打招呼，一邊走進教室。

「班上有很多沒見過的新同學呢，大家好呀！」

老師的聲音非常嘹亮爽朗，每一句話都清楚地傳進耳朵裡。

「老師……好有活力啊。」

智語噗哧一笑，對夏恩低聲竊竊私語。夏恩也笑著點了點頭。

老師向後轉身，在黑板上寫下「張山」二字。

「跟大家自我介紹，我的名字叫張山，希望可以跟大家一起度過愉快的時光。新的學期開始了，讓我們在這一年裡，一起創造美好的回憶吧！你們說好不

張山
自我介紹

好呀？」

「好！」

大概是因為老師的聲音十分爽朗，所以孩子們也大聲地回答他。

「很好，那麼今天是第一天，我們就請大家自我介紹吧！雖然我還不知道大家的長相，但是我已經先把姓名都背起來了。第一位要向我們自我介紹的同學是──權道允！」

道允害羞地笑著，並站到講桌前。夏恩裝作不在意地看著其他地方，但是聽見道允的聲音時，還是不由自主地豎起耳朵。

「我是權道允。我喜歡畫畫，從四年級開始，就在影像創作社負責美術相關的事務。我的夢想是成為一位汽車設計師。」

「哦，好酷哦！道允，你為什麼想要成為汽車設計師呢？」

老師舉起手，對道允提問。

「我從小就很喜歡汽車。如果看見自己設計的車

> **特斯拉**
>
> 特斯拉（Tesla）是美國的汽車品牌，是一間專門設計並製造電動車的國際企業。

子出現在路上，我一定會很開心。我以後一定要到**特斯拉**公司工作。」

道允說話的時候，眼睛裡閃閃發光。同學們發出「哇！」的驚嘆聲。

「道允，你真的很酷耶！竟然已經開始思考以後想要在哪間公司工作了！最近，開特斯拉車子的

人變得越來越多了呢。老師以後一定要開開看道允設計的車子。」

道允露出心滿意足的笑容，似乎很滿意這段自我介紹，於是回到座位上。就這樣，老師繼續用一一點名的方式，讓同學們輪流自我介紹。

在同學們的自我介紹快要結束的時候，才終於輪到夏恩。

「唉，真希望自己就這樣消失在地面上。」夏恩心想。

站在講桌前的夏恩，用力擠出心中某個角落殘留的勇氣，說出自己的姓名，但接下來就不說話了。

「夏恩喜歡什麼東西呢？」

老師雖然提出了問題，夏恩卻不知道要回答什麼。她的腦袋中一片空白。

「夏恩，隨便說些什麼都可以哦。同學們都很好奇夏恩喜歡什麼呢。」

老師說完這句話，溫瑟就笑嘻嘻地說：

「喂，你不是喜歡那個……不對，你不是有喜歡

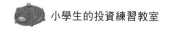

的人嗎？」

雖然他的聲音不大，卻立刻傳進了夏恩的耳朵裡。夏恩的表情本來就很尷尬，這下子又更狼狽了，就連手都開始瑟瑟發抖。

「當然囉，夏恩當然有喜歡的人啊！那個人就是我！夏恩在這個世界上最喜歡的人就是我！」

智語發現了夏恩的尷尬，便反應迅速地對著溫瑟大喊。

「啊，夏恩跟智語很要好嗎？夏恩，你有智語這樣的朋友真好。希望你們在五年級的期間，可以一直這麼要好。」

老師開朗地笑著說。但是回到座位上的夏恩，臉上卻表現出明顯的不耐煩、緊張兮兮，以及不知所措的樣子。

我才不是小孩子

「啊！徐溫瑟，我該怎麼對付那個討人厭的徐溫瑟啊？」

放學回家的路上，智語跟夏恩一齊坐在長椅上休息。夏恩氣得一邊跺腳，一邊抱怨。

「徐溫瑟又不是第一次這樣，你還是趕快忘掉這件事，我們一起去吃炒年糕吧！」

雖然智語表現出沒什麼大不了的樣子，但夏恩今天還是很生氣。新學期的第一天，在新老師跟同學面前完美地搞砸了自我介紹，還有溫瑟那個討人厭的笑

21

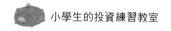

聲，一切都變得一團糟。

「算了，我還是回家好了。我要跟夏榮一起玩，排解我的壓力。」

「好啊，那下次再一起吃炒年糕吧。」

夏恩跟智語從椅子上站了起來，拍了拍屁股上的灰塵。

「我回來了。」

夏恩打開家門，有氣無力地打招呼，夏榮咚咚咚搖著尾巴衝過來。夏恩一把抱住夏榮，腳步沉重地走進客廳。

「啊，夏恩回來啦？今天學校怎麼樣呀？」

媽媽正跟哥哥一起看著電腦螢幕，聽見動靜後回頭問。

「非常地不怎麼樣。」

「嗯？怎麼了？」

「因為徐溫瑟，所以我心情非常不好。我得跟夏

榮玩一下，才能釋放我的壓力。」

「好好好，我買了你喜歡的起司麵包，快吃吧。」媽媽笑著說。

夏恩洗完手，剛坐到客廳桌子旁的時候，哥哥忽然叫喚起媽媽，指著電腦螢幕問：「媽媽，你覺得這間公司怎麼樣？我想把這次賺到的打工薪水投資到這裡看看……」

「HYBE？你看過**財務報表**了嗎？」

哥哥點了點頭。

「有，我已經看過了，不過也就那樣，不好也不壞。但公司正不斷在各方面擴展事業。聽說馬上就要推出新的女子團體，這也讓我很期待。」

這時，夏恩嘴裡咬著麵包，在一旁大聲喊道：

「我知道 HYBE！」

HYBE
是韓國男子團體防彈少年團（BTS）所屬的娛樂公司。

財務報表
財務報表是顯示一間公司表現好壞的成績單。只要看財務報表，就可以知道這間公司的經營是否穩固。

23

　　聲音不知道有多大，媽媽跟哥哥都同時轉頭看向
夏恩。

　　「哦，夏恩也知道嗎？你不是不喜歡偶像，怎麼
知道的呀？」

　　對於媽媽的疑問，夏恩滿臉興奮地回答：

　　「今天我在學校裡做了自我介紹。
我們班上有個同學叫做世恩，

未來的夢想是成為偶像，她說以後想加入 JYP 或 HYBE 這些娛樂公司。」

夏恩把學校裡發生的事情鉅細靡遺地告訴媽媽。聽完夏恩的話，哥哥便用電腦開始搜索資料，並喃喃自語。

「對了，特斯拉的股價是多少啊？」

夏恩看到那個模樣，露出氣鼓鼓的表情說：

「你怎麼每天都在那邊股票長、股票短的，哥哥有那麼喜歡股票嗎？不管講到什麼話題，都只會說股票的事。」

「唉，像你這樣的屁孩，怎麼會了解大人的世界呢？等你長大之後就懂了。」

聽到哥哥的一番話，夏恩覺得很不開心，只能把麵包大口大口吞下去。

什麼是股票？

升上五年級後，不知不覺已經過了 10 天。光是決定座位、社團輔導課之類的事情，忙碌的時間就這麼過去了，接下來每天都過著差不多的日子。

但是，這種平靜的時光並沒有持續太久，這都是因為老師的關係。

早會中，老師興高采烈地對同學們說：「今天下午我們要召開班級會議。我會宣布一件非常有趣且重要的事，所以大家可以期待一下哦！」

每節下課時，孩子們都會跑去問老師下午要公布什麼事，但老師都只是笑而不答。

「夏恩，你覺得開會的時候，老師會說什麼？」

午餐時間，大家一起走去餐廳的路上，智語開口問。

「應該是不要吵架、孤立同學是不好的、要跟朋友好好相處之類的吧⋯⋯」

「看老師講得那麼開心，應該不是這種事吧？」

「哦，不然是要全班一起玩像是祕密朋友 * 的遊戲嗎？」

聽了夏恩的話，智語搖了搖頭。

「我覺得老師應該是有一些特別的想法，所以我非常期待。你不這麼覺得嗎？」

「我只希望⋯⋯老師不要教大家玩什麼祕密朋友的遊戲。」

---

* 譯註：抽籤決定自己的祕密朋友是誰，而對方並不知道祕密朋友的真實身分。

聽到這句話，智語笑得不能自已。

終於到了開會時間。

「各位同學，你們知道人們是怎麼賺錢，又是怎麼花錢的嗎？」

面對這突如其來的問題，同學們不解地歪頭。

「大家覺得這個問題很奇怪嗎？只要回答出你們認為人是怎麼賺錢，以及怎麼花錢就可以了哦。」

老師似乎對孩子們的反應感到十分驚訝，所以再一次問。

「要工作才能賺錢，買需要的東西時就要花錢。」身為班長的宰律如此回答。

「嗯，這是正確的答案哦。人們會從事各式各樣的職業來賺錢。那我們來聊聊，人要怎麼使用賺來的錢呢？」

「可以用來買衣服，也可以買吃的。」

「還要繳學費。」

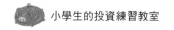

「我要拿來買書，還有看電影。」

孩子們七嘴八舌，想到什麼就嘰嘰喳喳地搶答。老師笑著點了點頭。

「各位同學的答案都是正確的。我們為了購買需要的物品，或是為了度過愉快的時光，同時也為了教育或健康而花錢。但是，還有其他理由會讓我們花錢哦！」

「其他理由？」

孩子們都紛紛歪頭表示不解。

「那就是，**把錢花在準備未來上**。」

老師將電腦的畫面投影到螢幕上，畫面中寫著小豬存錢筒、存款、定期存款及股票。

「如果要為了未來存錢，我們有許多方法。首先是小豬存錢筒，一旦拿到錢之後，就立刻存進小豬存錢筒，看到漸漸增加重量的存錢筒，我們會很有成就感。有用存錢筒存過錢的同學嗎？」

有幾個孩子舉起手，其中也包括夏恩。

「很好。第二種方式，我們也可以把錢交給銀行

等金融機構保管，取而代之的是收到『**利息**』，這就是所謂的『**存款**』。我們可以按照自己的意願，自由地將錢存進帳戶，或是從帳戶裡提領出來，同時可以稍微領到一點利息。定期存款則是可以跟銀行約定，在一定的期間內把錢交給銀行保管，還可以

> **利息**
>
> 將錢交給銀行保管，就可以額外收到一筆錢做爲回報，這筆錢就叫做「利息」。

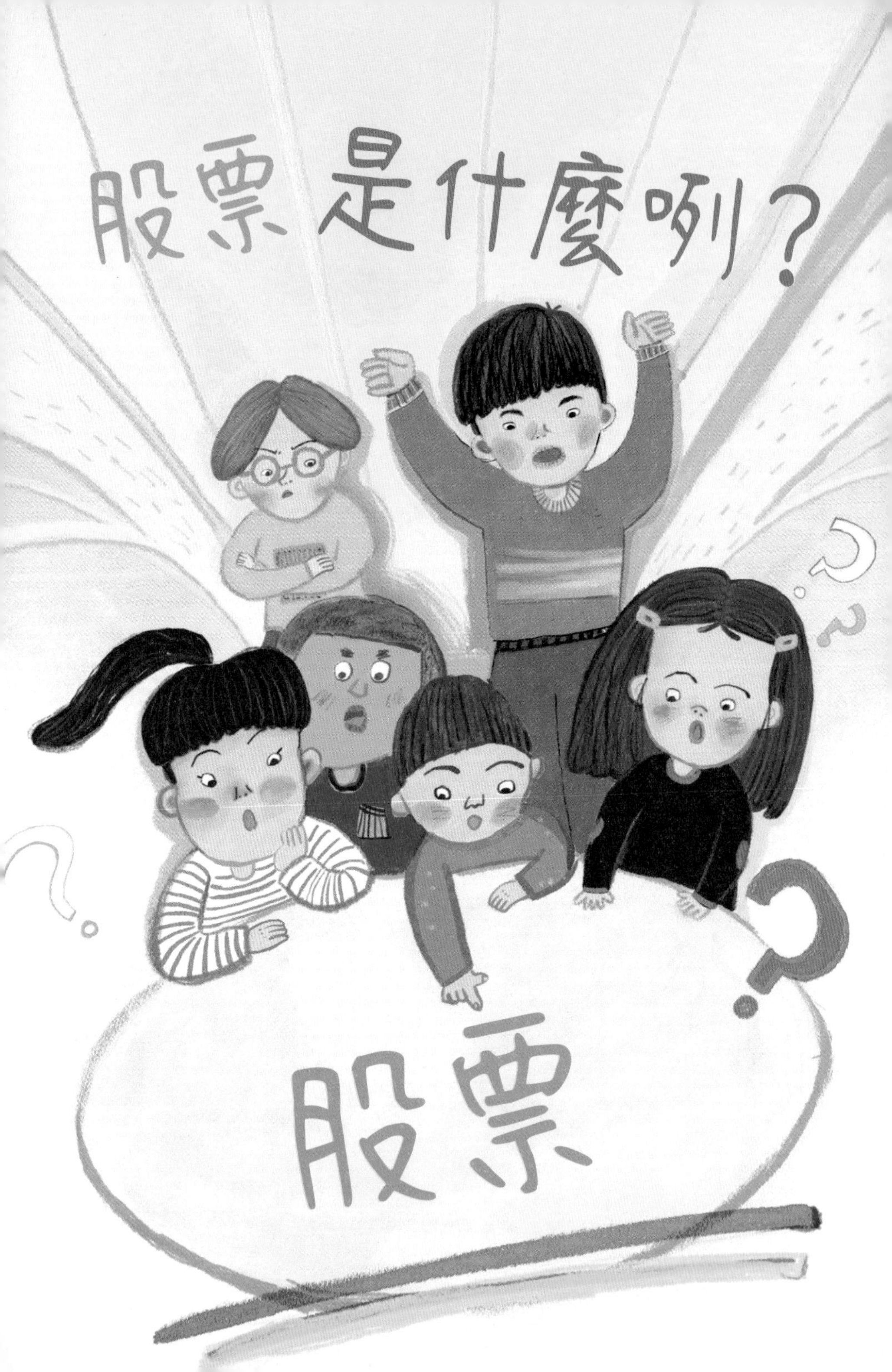
股票是什麼咧？
股票

收到多一點的利息。」

「我有存款的存摺。只要一拿到零用錢，每個月就會存 250 元 *。」

溫瑟用力地舉手說。老師點了點頭，繼續說下去：

「好，接下來是股票。請問班上有了解股票的同學嗎？」

「我爸爸有投資股票！」

智語一大聲喊，周圍紛紛響起應和聲：「我們家也是！」

「是啊，很多大人都會投資股票。但是，各位曉得股票是什麼嗎？」

面對老師的提問，喧鬧的教室頓時安靜了下來。

---

* 編注：全書金額已從韓元統一換算成新台幣。1韓元約新台幣0.024元。

多燕食品股份有限公司

「雖然大家常常聽到股票這個詞，但真正了解股票是什麼的人卻很少。其實，老師今天要講的就是關於股票的主題……」

老師環顧了教室一圈，然後指著多燕。

「來，李多燕。多燕曾經說過，以後想要成為像爸爸一樣做出許多美食的廚師，對吧？」

「是的。」

多燕露出迷迷糊糊的表情，點了點頭。

「大家一起來想像一下吧？廚藝高超的多燕做

了超級好吃的義大利麵。實在太好吃了，所以賣得非常好。但是由於太多人來買，多燕必須一個人做出大量的義大利麵，這樣實在太累了。於是，多燕決定開一家食品工廠，聘請員工來大量生產義大利麵。可是，這樣是不是需要很多錢呢？可惜的是，多燕還沒有存到那麼多錢。」

「啊……」

多燕與其他孩子們同時發出惋惜的嘆氣聲。

「各位同學，現在就失望還為時過早，所有困難都有解決的辦法！來！現在錢還沒存夠的多燕，料理手藝非常優秀的多燕，如果想要創業做義大利麵的話，應該怎麼做呢？」

孩子們一愣一愣地看著老師及多燕。

「**我們只要找到投資人就可以了**。來，班上有同學想要投資多燕嗎？有沒有同學想要投資多燕已經口耳相傳、家喻戶曉的美味義大利麵呢？如果事業發展順利，公司就會漸漸茁壯，可以回收比投資金額更大筆的錢哦！來，想要投資的朋友在哪裡？」

老師的目光掃過每一個孩子，如此問道。

「我！我想要投資！」

第一時間，班長宰律舉起了手。

「我也要，我也要投資。」

世恩也舉起手。

「非常好，多虧有宰律及世恩的投資，多燕終於開了一間義大利麵公司。那麼，現在多燕有一件事情要做。」

「是什麼啊？」

多燕縮著肩膀問道。

「啊，不是什麼可怕的事情。多燕，你要給宰律和世恩一份證明文件，證明他們投資了你的公司，而這個文件就是所謂的『股票』。像這樣發行股票，就可以吸引想要投資公司的人。宰律和世恩，你們分別想要投資多少錢呢？」

「我要投資 2,000 元。」

這次也是宰律率先回答。

「哦，投資挺多的嘛！世恩呢？」

「我沒有很多錢，只能投資 1,000 元。」

「好，像這樣購買股票之後，從那一瞬間開始，宰律跟世恩就成為『**股東**』了。」

> **股東**
> 「股東」就是股票的主人。順帶一提，股票是以「股」做為單位。

孩子們都專心聽著老師的解釋。

「如果多燕發行了 1 股 20 元的股票，她就必須給宰律 100 股，給世恩 50 股。因為，投資多少金額就能拿到多少股份。好了，收到別人投資的資金後，多燕成立了一間名為『多燕食品』的公司。這裡我有一個問題，多燕食品公司的老闆是誰呢？」

「多燕！」

孩子們齊聲大喊。這時，宰律迅速舉手說：

「老師，難道我不是老闆嗎？因為如果沒有我的投資，多燕食品就不能建工廠，也不能僱用員工了。」

老師聽了宰律的話，不禁拍手稱道：

「宰律，你說得對。多燕食品的老闆就是多燕、宰律跟世恩三個人，也就是股東們。**多燕既是股東，**

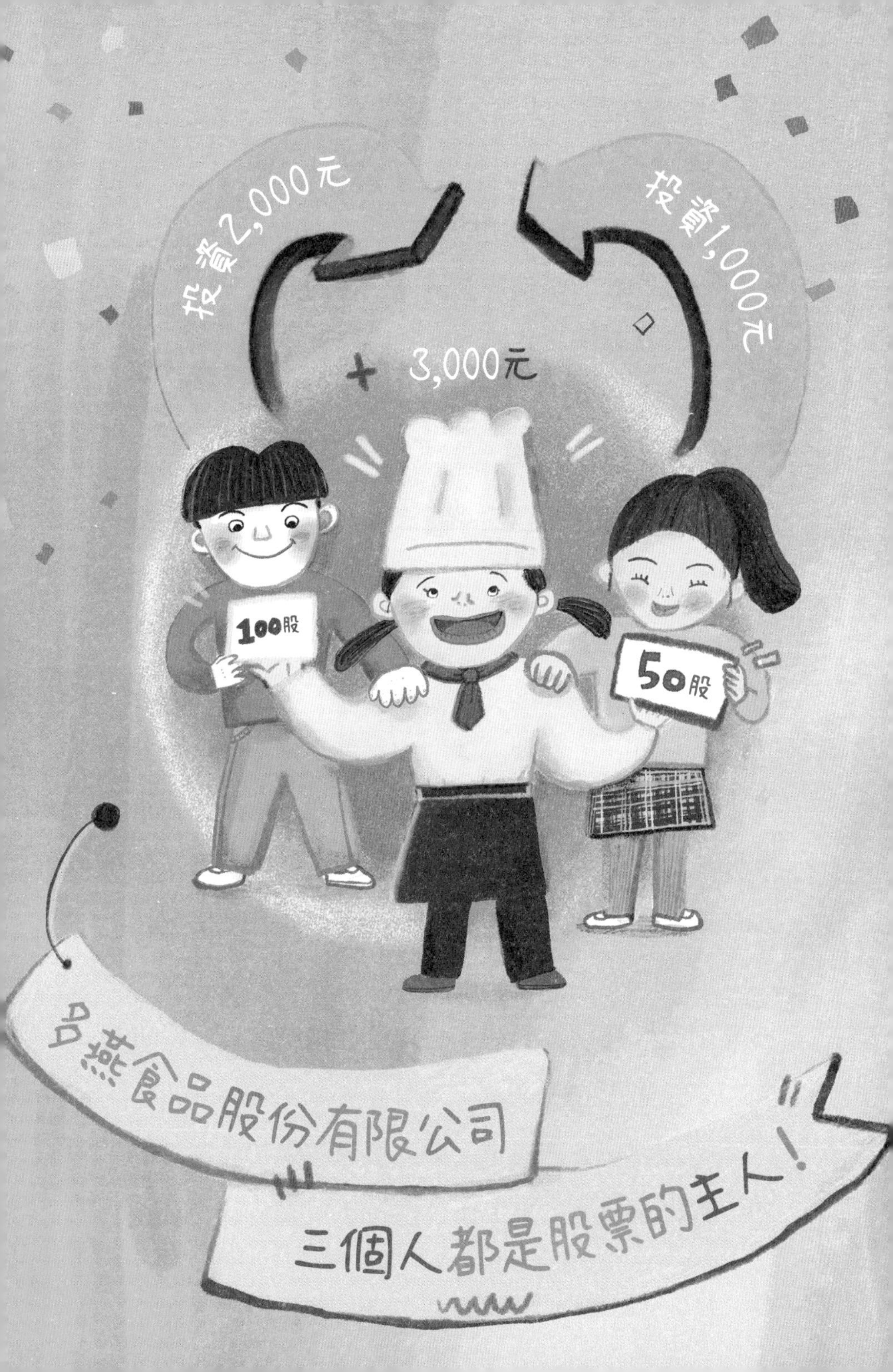
投資2,000元
投資1,000元
3,000元
100股
50股
多燕食品股份有限公司
三個人都是股票的主人！

同時也是實際帶領公司的經營者；宰律跟世恩擁有了多燕食品的股份，就成為這間公司的股東。對股東來說，有責任要觀察經營者是否好好領導公司。」

無論是多燕、世恩還是宰律，大家的臉上都露出豁然開朗的表情。

「就這樣，多燕食品正式開業囉！像多燕食品一樣發行股票成立的企業，就叫做股份公司。大家常常聽到『股份公司』這個詞吧？」

孩子們點了點頭。

「現在，多燕要開始努力經營工廠，開啟她的創業之路了。多燕食品的義大利麵很好吃，所以賣得非常好。因此，想要投資多燕食品的人越來越多，股東也持續增加。來，多燕食品以後會變得怎麼樣呢？」

「因為有許多投資的人，所以錢也跟著變多了。多燕用這些錢來做生意，公司就會持續成長。」世恩回答。

「沒錯。多燕決定用大家投資的錢建設更多的工廠，請更多的員工來工作，現在不只販賣義大利麵，

還開始製作起披薩跟麵包。」

「哇，好厲害！」

聽見智語說的話，大家都笑了起來。

「老師，如果多燕沒有把大家投資的錢用在公司上面，而是自己拿去花掉，會發生什麼事啊？」成珉舉手問。

「多燕恐怕沒辦法這麼做。因為，還有身為股東的世恩跟宰律啊！**股東有權利參與公司的營運，也有權利監督企業是否將錢用在正確的地方**。所以，如果多燕隨便花掉大家投資的錢，讓公司變得亂七八糟，那麼世恩跟宰律可以要求多燕辭職哦！」

聽完，孩子們紛紛點了點頭。

「好，還有其他問題嗎？」

老師這麼問，不過沒有人舉手。

「我只是……很好奇多燕的公司能不能成功。」

智語的話再次引發班上同學們的哄堂大笑。

「哦，老師也很好奇呢！多燕啊，你會好好表現，對吧？」

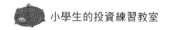

「是的。」

多燕雖然搞不清楚狀況，但還是點了點頭，於是孩子們又笑成一團。

夢想投資計畫

「剛才班上同學有人提到，自己的爸爸媽媽也有在投資股票，對吧？」

「對！」

「就像前面說的，投資股票就代表成為那家企業的老闆。如果那家企業發展得好，業績大幅成長的話，股票的價格——也就是股價——也會往上漲。現在的股價是 1 股 20 元，隨著這家公司的成長，想要擁有公司股票的人變多了，股價也就會咻咻咻地往上升。那麼，從股價便宜的時候就擁有股票的人，是不

是就可以獲得很大的利益呢？」

「是！」

「相反地，如果企業出現問題或發展不順利，想要購買股票的人就會減少，股價也可能會因此大幅下跌。這樣一來，投資股票的人就要承擔損失，最糟糕的情況是一下子賠掉所有購買股票的錢。」

「哎呀……」孩子們紛紛搖頭。

「就像之前提到的，替未來做準備有很多種方

法。其中，小豬存錢筒可以幫我們養成存錢的習慣，但是小豬不會給我們利息。銀行裡的存款或定期存款可以安全保管我們存下來的錢，還可以拿到利息，不過利息的金額比較少。最後一種方法就是股票，股票可以讓我們成為企業的股東，如果企業發展得不錯，就可以賺到比存款或定期存款更多的錢，**可是如果企業發展不順利，可能就會遭受很大的損失，甚至可能連自己原來的錢都賠光**。這樣大家懂了嗎？」

「懂了！」

「很好，從現在開始，老師要講今天會議中最重要的部分。」

老師在螢幕上投影出新的影像，畫面上寫著巨大的字樣：「夢想投資計畫」。

「夢想……投資……計畫？」

孩子們開始騷動，大家都目不轉睛地盯著螢幕。

「是的，夢想投資計畫。大家可以透過這個計畫來購買股票。」

老師的語氣中充滿了熱情，孩子們再次歪頭表示

不解。

「什麼？我們可以買股票嗎？」

「是的，至於你們能夠買什麼股票呢……」

老師切換到下一頁，螢幕上出現了「融合科學社」、「機器人科學社」、「無人機社」、「K-pop社」及「影像創作社」等幾個大字。

「咦？那不是社團輔導課嗎？」溫瑟大聲喊道。

「沒錯，就是我們學校裡的社團輔導課。各位同學，你們馬上就能買到社團輔導課的股票了。」

「社團輔導課又不是公司，可以有股票嗎？」宰律問。

「啊，一般來說是由公司企業來發行股票，但是我們可以嘗試換個角度思考。購買一家企業發行的股票，不就是在投資那家企業嗎？」

「是！」

「其實我們不是在投資企業，而是在投資那些為了未來而努力的人。也就是說，我們是在投資朋友的夢想。」

孩子們還是一臉迷迷糊糊的表情。

老師看著螢幕畫面，開始說明：

「我跟各個社團輔導的任課老師討論過，在這5個社團輔導課裡，將會分別發行一樣數量的股票。所以，各位投資人，你們可以購買自己想要的社團輔導課的股票。當然，也可以賣掉已經買到的股票。這樣的股票交易會在每天中午進行，地點則是在我們的教室裡。」

老師的聲音本來就十分洪亮，說明內容時每一句話都清晰入耳。

「好，所以這個投資的目標是什麼呢？大家是不是都很好奇呢？那就是『做公益』。」

老師在「公益」兩個字上的發音格外用力。

「做公益？」

「第二學期各個社團輔導課的最後，這個計畫也會跟著結束。到時候，每一個社團輔導課的股票總價

機器人科學社

K-pop社

影像創作社

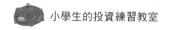

格都已經確定了，對吧？我們預計在計畫結束之後，捐出這筆錢。」

「要捐到哪裡呀？」

「這件事將透過股東大會來決定。一間企業在決定重要的事情時，都會召開股東大會，聽取股東的意見。所以，我們也要藉由股東大會來決定要把錢捐到哪個機構。」

孩子們再次點了點頭。

「來！大家覺得怎麼樣呢？我希望班上的同學們一邊體驗股票投資的過程，一邊慢慢了解關於投資的知識。此外，還可以感受到做公益的幸福，在畢業之前積累許多回憶。這個計畫雖然很小，但是需要用到自己的零用錢。如果同學們不願意，老師也不會強迫大家參加這個計畫。大家覺得怎麼樣呢？」

孩子們無法立刻回答，開始議論紛紛了起來。

為股票投資做準備

「夏恩，你覺得怎麼樣？」

坐在後面的智語拍了拍夏恩的背，向她問道。

「我也不知道耶！你呢？」

「我覺得好像很有趣！我本來就想捐款給動物保護中心，所以會從零用錢裡面分出一些錢，一點一點慢慢存起來。但是只要好好投資，我就可以捐更多的錢。」

聽完，夏恩點了點頭。她開始羨慕起可以自主管理零用錢的智語。

「好，我們現在來決定吧！」

老師環顧了孩子們一圈，開口說。就在此時，溫瑟猛然舉起手。

「老師，想要參加的人就參加，不想參加的人也可以不參加，對吧？」

「當然囉！」老師點了點頭。

「我想參加這個計畫，所以希望老師一定要繼續做下去。」

包括智語在內，溫瑟的一番話讓好幾個孩子都點頭連連。

「有沒有同學不方便參加這個計畫？老師希望大家都能說實話。」

老師又掃視了每一個孩子，底下沒有人開口說話。大概是因為有些同學很想參加，而有些同學還不太清楚該怎麼做。

「好，我就當作大家都同意了。那我們就先開始試試看囉？」

「好！」

有的孩子回答的語氣十分興奮，也有的孩子像夏恩一樣只是點頭同意。

「來，那麼大家先看完這個，老師再繼續說下去吧！」

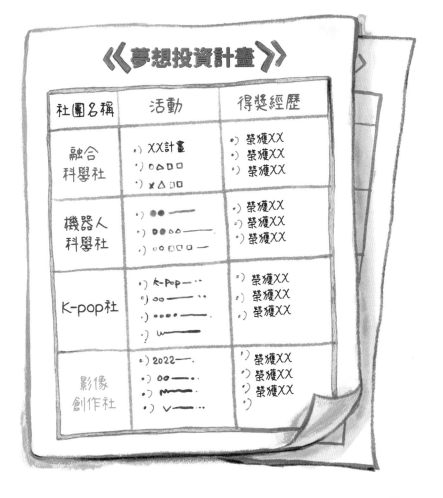

　　老師發給每個人一張紙，紙上面列出各個社團輔導課程的名稱、去年的活動項目，以及獲獎紀錄等。

　　「如果想要投資一間企業，就必須先看一種叫做『財務報表』的文件。財務報表是一份資料，整理出一間企業賺了多少錢、損失了多少錢、又獲得了多少收益。但是，我們的社團輔導課則是聚集了那些為了夢想而努力的同學們，對吧？所以老師整理出去年一整年的資料，各社團進行了什麼樣的活動，又取得什麼樣的成果。做為財務報表的代替品，我們來看看這個吧！」

　　看見孩子們開始閱讀紙上的內容，老師開口問：

　　「怎麼樣？對各位的投資有幫助嗎？」

　　「有！」孩子們一邊點頭，一邊回答。

　　「啊，在開始這個計畫之前，我想要叮嚀大家一件事。」

　　孩子們都抬起頭來看著老師。

　　「剛才不是說過，買股票來投資企業可能會賺錢，也有可能會賠錢，對吧？」

「對！」

「所以啊，如果我把必須用在其他地方的錢投資在股票上，可能就會有一點危險哦！因為那是必要的錢，既不能減少，也不能消失不見。」

孩子們都點頭表示認同。

「因此，**投資股票的時候，必須先扣掉必要的錢，使用剩下的錢來投資**，這也叫做『閒錢』。老師想給各位一個建議，大家手上擁有的閒錢中，想投資多少就投資多少。反正這個計畫的目的是捐款做公益，大家只要在自己可以開心捐款的範圍內進行就好……如果讓老師聽到大家因為這個計畫，纏著爸爸媽媽要零用錢，或者貪心地胡亂購買股票，又或是拿自己手上的股票到處炫耀，老師就會馬上停止這個計畫。大家懂了嗎？」

「懂了！」

「還有誰有問題？」

勝輝舉起了手。

「老師，股價什麼時候會升高，什麼時候又會變

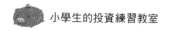

低呢？我不太懂。」

老師思考了一會兒，然後說：

「各位同學，請你們想像一下大家爬到山頂上的情景。當我們好不容易爬上山，肚子肯定餓得咕嚕咕嚕叫，嘴巴也渴得不行，對吧？正好，山頂上就有一間商店。然而，平常我們只需要花 25 元就能買到的一塊麵包，在這家店裡賣 50 元；平常 15 元就能買到的一瓶水，這家店裡就要 30 元。各位，為什麼這間店的價格這麼貴呢？」

「因為山頂上的東西很少，卻有很多人想要這些東西，所以價格才會變高吧？」

聽完道允的說明，老師點了點頭。

「沒錯，股票也一樣哦！**如果想買股票的人比股票的數量還要多，那麼股價就會增加**。舉例來說，影像創作社的股票總共有 10 股，每一股都已經有主人了。但是，如果有其他人很想買影像創作社的股票，那會發生什麼事呢？不管那些人有多想買，影像創作社的股票數量都只有 10 股，那時大家就會想說：應

該買不到股票了吧？因此，股價就會上漲哦！」

孩子們點了點頭。

「好，還有其他問題嗎？」

這次，換成宰律舉起了手。

「如果股價上漲的話，已經購買股票的人就能賺錢了。可是，對社團輔導課有什麼好處啊？」

「最後募集到的款項，老師會用社團輔導課的名義來捐贈。如此一來，社團輔導課的指導老師跟成員應該都會很有成就感吧！」

「哇，光是想像就覺得好開心哦！希望我們融合科學社能募集到最多的錢！」

溫瑟的話語中展現出明顯的個人風格。不愧是融合科學社的成員，此外，他的野心也非常大。

「對了，我們的計畫還需要一些額外的人手。老師需要幾位記者，負責傳遞每個社團的消息，有誰自願呢？」

老師的話剛講完，智語便舉起了手，緊接著勝輝也舉起手。

「老師，我想擔任負責 K-pop 社跟影像創作社的藝術類記者。」

智語把手舉得更高，說道。

「嗯，那麼科學性的社團就由勝輝來負責，這樣可以嗎？」

「好的，我去哪裡都可以。」

「很好。那麼就由智語跟勝輝來組成我們班上的記者小組囉！」

「可是，我們應該要做什麼呢？」

勝輝提問，他似乎感到有些害羞。

「記者要做的事情，就是去採訪各個社團輔導課程，然後把採訪到的內容寫成一篇報導。你們把寫好的報導交給老師，老師會將文章整理好，貼在黑板旁邊，大家每天早上都可以看到。這樣同學們就可以根據這些報導，制定自己的投資計畫了。」

「啊啊……」孩子們點了點頭。

「哇，一定很好玩！」

智語感到興奮不已，對夏恩竊竊私語。

我的第一份經濟筆記①

我也要找到很棒的企業！

替道允的夢想加油！

　　道允的夢想是在特斯拉裡面擔任一名汽車設計師。特斯拉是世界級的電動汽車公司，世界上有許多跟特斯拉一樣優秀的企業。你覺得哪一間公司很棒？那間公司又是做什麼的呢？讓我們一起把它寫下來吧！

● （範例）三星電子－手機

●

●

●

●

61

第 2 章

鏘鏘！投資計畫啟動

大山證券

別捉弄我了！

「夢想投資計畫？」

上完補習班之後，回到家的夏恩吃完晚餐，向家人提起了老師的計畫。

哥哥一聽到就睜圓了眼睛，說：

「如果我以後成為老師，也要來試試看這種方法。那位老師大概也跟我一樣，對投資股票很有興趣吧！你的老師平常肯定也有在投資……」

為了成為數學老師，哥哥正在大學裡主修數學教育，因此也對這個話題更有興趣了。

「看來你的老師也很認真學習過股票呢。」爸爸也點了點頭說。

「所以你也想要投資看看嗎？」

聽了哥哥的問題，夏恩搖了搖頭。

「我也不知道。智語好像覺得很有趣，但是我不確定好不好玩，其實我也還不知道該怎麼做。」

「也是，畢竟你還是個小孩……」

「啊，真是的！可以不要再叫我小孩了嗎？我現在的身高都已經跟媽媽差不多了，怎麼還能算是小孩啊？」夏恩用前所未有的尖銳語氣說。

在一旁看著他們對話的爸爸插嘴了：

「夏俊，雖然夏恩在你眼中是小孩，但是在爸爸眼裡，你也還是個小孩。你們兩個人要互相尊重。」

夏恩跟哥哥心裡都有所不滿，但還是不得不點頭讓步。

「對了，夏恩啊！如果你也想投資股票，就告訴媽媽你想投資哪個社團、投資多少，媽媽再把錢拿給你。」媽媽對夏恩說。

這時哥哥又勃然大怒，提高嗓門喊道：

「啊？哪有這樣的？為了投資股票，我也很努力打工啊？喂，你也自己去賺錢啦！用你自己的**勞動收入**去投資股票啊！」

「我要怎麼賺錢？」

「你就去幫忙做家事，然後跟爸爸媽媽要勞動的獎勵就好啦！洗碗、打掃、跑腿……可以做的事情可多著呢！」

哥哥伸手指著家裡的每個角落。

「哥哥，我還是小孩，所以我不會做家事。」

「哈！這種時候又說自己是小孩了。」

哥哥無言地搖了搖頭。不知道是不是覺得夏恩跟哥哥鬥嘴的樣子很有趣，爸爸跟媽媽只是露出笑容，在一旁看著他們。

> **勞動收入**
>
> 在公司上班或打工兼差，這種因付出勞動而獲得的錢財，即為「勞動收入」。

「大山證券公司」開業

　　過了幾天，大家吃完午飯後回到教室，只見老師坐在桌子前面，正忙碌地準備著什麼東西。老師的桌上放了一張紙牌，上面寫著「大山證券公司」，還放著 5 個透明的箱子，上面有各社團輔導課程的名字及股價。孩子們進到教室後都嚇了一跳，並停下腳步，接著大家猶豫地走向老師。

　　「快過來，第一次見到證券公司吧？」

　　老師張開雙臂，臉上充滿開心的笑容。

　　「我們現在可以買股票了嗎？」

智語一邊觀察股票的價格，一邊問。

「嗯，今天是第一次開放購買，所以股票的數量和價格都一樣。所有股票都是每股 10 元，每一門社團課先發行了 20 股。」

「那我要買 4 股融合科學社的股票，現在我正好只有 40 元。」

溫瑟第一個主動將 40 元遞給老師，老師把 40 元放進融合科學社的箱子裡。老師轉動電腦螢幕，好讓同學們看得更清楚，接著他在上面記錄了溫瑟購買的股票內容。

「好，第一筆股票交易成交了。以後，買股票的時候會用『買入』這個詞，賣股票的時候就會用『賣出』這個詞，希望大家能記住這些詞語。」

老師的話才剛說完，智語就買了 2 股 K-pop 社的股票。

「你怎麼會想買 K-pop 社的股票？」

面對夏恩的提問，智語將身體靠近她說：

「你認識雅真吧？」

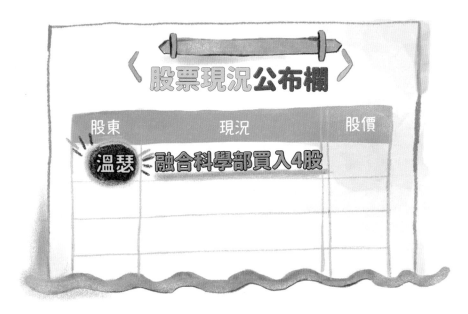

夏恩點了點頭。

「認識啊,她去年還跟我同班。」

「我聽說雅真會擔任 K-pop 社的社長。」

「但我聽說她很忙,正在參加偶像的練習生選拔,所以沒辦法上社團輔導課耶?」

「我也不太清楚,是 K-pop 社的賢雅跟我說的。好像幾乎已經確定了耶?」

「真的嗎?那我也來買 K-pop 社的股票好了?」

「如果雅真當上 K-pop 社的社長,K-pop 社的氣

氛就會完全不一樣。也可以獲得很多比賽的獎項……這麼一來，想買 K-pop 社股票的人也會變很多吧？」

這麼一想，智語講的話似乎很有道理。就在夏恩考慮要不要買入的時候，午休時間飛快地過去了，老師還在整理紙牌跟箱子，便響起了上課的鐘聲。

「老師，股票賣掉多少了啊？」溫瑟坐在座位上問道。

「今天融合科學社賣出 5 股、K-pop 社賣出 2 股、機器人科學社賣出 5 股。」

「我還以為機器人科學社會賣光耶……」

聽到溫瑟的話，道允跟宰律也點了點頭。

「為什麼會這麼想呢？」

面對老師的問題，溫瑟一臉理所當然地說：

「他們去年獲得社長獎，是表現最好的社團。」

「嗯，是啊。但現在只是剛開始而已，我們再觀察一段時間吧？好了，既然大家都回到座位上，那我們就開始上課囉！」

同學們紛紛趕緊拿出課本。但是，夏恩並沒有把

書拿出來，只是呆愣地陷入沉思，因為她想起藝書也在機器人科學社中。

藝書、夏恩和智語曾一起被稱為「三劍客」，三人的關係非常要好。但是自從四年級時，藝書加入機器人科學社後，曾經親密無間的藝書就跟她們疏遠了。藝書非常喜歡數學及科學，因此她進入機器人科學社並不是什麼稀奇的事情。

但是，進到機器人科學社之後，藝書與機器人科學社社員相處的時間，比跟夏恩、智語相處的時間還要多。夏恩心裡出現了一種藝書被搶走的感覺，所以，面對不能像以前一樣常見面的藝書時，夏恩總是會亂發脾氣。

「夏恩，你在想什麼？」

夏恩正在發呆的時候，身邊的智語拍了拍她的肩膀，夏恩這才拿出課本，並且嘆了一口氣。

我們應該要買股票！

第二天早上，夏恩和智語走進教室後，看見孩子們三五成群地聚集在教室後方的公布欄前。

「嗯？那是什麼啊？」

智語拉起夏恩的手，走向同學們聚集的地方。公布欄上貼著股票現況表，以及各社團輔導課的通知欄。可能是計畫才剛開始，股票現況表上除了老師講過的東西，並沒有其他的內容。夏恩仔細閱讀著旁邊的通知欄。

「哇，勝輝採訪得很認真耶！那我也要好好表現

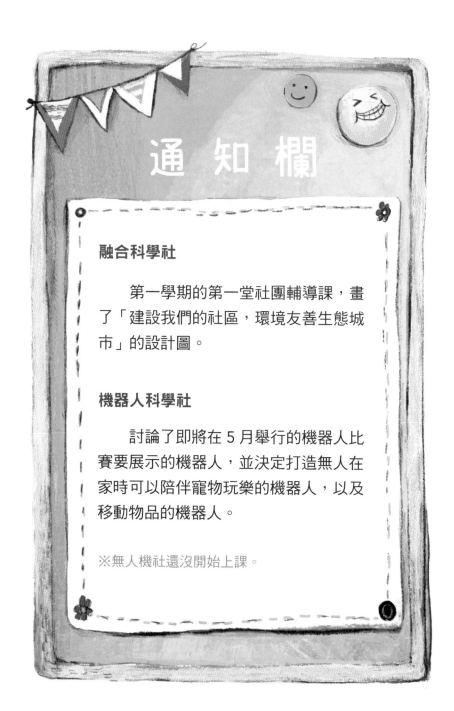

通 知 欄

融合科學社

　　第一學期的第一堂社團輔導課，畫了「建設我們的社區，環境友善生態城市」的設計圖。

機器人科學社

　　討論了即將在 5 月舉行的機器人比賽要展示的機器人，並決定打造無人在家時可以陪伴寵物玩樂的機器人，以及移動物品的機器人。

※無人機社還沒開始上課。

才行！」智語握緊拳頭說。

「你什麼時候要去採訪啊？」夏恩指著通知欄問道。

「我下週想要去 K-pop 社看看，然後再下一週才要去影像創作社……對了，你不買股票嗎？」

「我還不知道要買什麼。」

就在跟智語聊天的期間，上課鐘聲也響了起來，夏恩和智語迅速回到自己的座位上。

午休時間，老師的大山證券公司又開始營業了。

「我要買機器人科學社的股票。」

賢雅第一個走向老師的桌子。接著，有好幾個孩子跟在她後面，大家蜂擁而上，並開始購買股票。智語也想要買機器人科學社的股票，便從座位上站了起來，夏恩的心情卻開始無緣無故變得焦躁不安。再這樣下去，股票全部都要賣光了。

「嗯，今天機器人科學社的股票賣得很好呢！」

午休時間快要結束的時候，老師說。

「咦？我本來想要明天再買的，現在還剩下多少啊？」原本正在跟道允說話的溫瑟轉頭問。

「機器人科學社的股票現在還剩下 5 股。」

「老師，我想要買這些股票，請你不要賣給其他人，可以嗎？」

「老師沒辦法讓你預約這件事哦！如果你很想買的話，就明天早點來吧！」

「啊……好吧。」

溫瑟有些無可奈何，卻也只能點了點頭。

「不過，機器人科學社的股票為什麼這麼受歡迎？有什麼特別的原因嗎？」

老師環顧孩子們一圈，這麼問。

「機器人科學社的社員能力很強，做事也非常努力。去年有人問他們『這個東西真的做得出來嗎？』結果他們真的做到了！他們也拿到很多獎項。」

「可是昨天好像沒有賣掉很多耶？」

「我昨天還不知道要買什麼，但是今天看到通知

欄以後，就開始想買機器人科學社的股票了。」總是沉默寡言的多燕舉手說。

老師滿意地望著孩子們。

「在我們班上，機器人科學社的股票賣得最好，討論度也很高。所以，今天老師要出一個作業給大家，那就是請大家簡單調查一下機器人的產業。大家明白了嗎？」

孩子們紛紛點了點頭。

回家的夏恩跟在媽媽屁股後面，分享今天在學校發生的事情。

「我也想要買股票，可是我沒有多的錢，所以沒有買到。」

「是嗎？你想買什麼股票？」

「我想要買 K-pop 社的股票。」

「K-pop 社？為什麼是這支股票呢？」

夏恩把雅真的事情告訴了媽媽，也就是從智語那

裡聽來的消息。

「這件事是從哪裡聽來的？」

「聽說是 K-pop 社的賢雅告訴智語的。」

「所以，這件事還沒有確定嘛！」

「但是……」

夏恩突然覺得無法反駁，便緊閉著雙脣。

「夏恩啊，大人買股票的時候，也常常被各種傳聞牽著鼻子走。但我們買股票的時候，不能光聽到一些傳聞，就立刻去買入股票。」

「那應該要怎麼做呢？」

「媽媽認為，**你應該要去注意發行股票的社團輔導課都在做些什麼事情，社員又有多努力去完成那些事情，經過仔細的觀察之後，再去買進他們的股票。**你覺得這麼做如何呢？」

「可是看到其他同學一直買股票，我也好想快點買……」

「唔，那你同學都買了什麼股票呢？大家也買了很多 K-pop 社的股票嗎？」

夏恩搖了搖頭。

「我同學都去買機器人科學社的股票。」

「是嗎？理由是什麼呢？」

「啊，我不知道啦。反正，我是絕對不會買那個社團的股票。」

媽媽點了點頭。「因為藝書嗎？」

因為夏恩跟藝書吵過架，夏恩有一段時間的心情都不太好，媽媽不可能不知道。

「是啊，我了解你的心情。但是，媽媽不能說你這個決定是正確的。」

「為什麼？」夏恩的雙眼睜得圓圓地問。

「嗯，因為你有一點感情用事了呀！**投資股票的時候**，必須保持非常冷靜的態度，觀察那家企業怎麼工作、能夠成長多少。怎麼可以靠個人的感情來決定呢？夏恩要不要先慢慢了解過後，再做出決定呢？」

「可是，如果等到那個時

投資時機

不可以相信不明來源、沒有證實的情報，就去投資股票。對於資訊是否可靠，一定要親自確認。

候，同學把股票都買光了，那我該怎麼辦？」

「你很想買嗎？」

夏恩點了點頭。

「好，那媽媽明天會給你 40 元，你就去買你想買的股票。但是剛才媽媽說的話，你也要好好想一想。未來發展潛力很高的股票，買的時候就算貴一點也不會令人後悔，所以你不用太緊張。」

「好的。」

夏恩抱住夏榮，臉上露出開心的微笑。

我的第一份經濟筆記②

溫瑟的零用錢記帳簿

透過管理零用錢來籌措投資基金！

　　大家都是怎麼管理在家裡幫忙跑腿拿到的零用錢，或是逢年過節時收到的紅包呢？如果想要投資的話，就需要一筆「種子基金」。所謂的種子基金，簡單來說就是「閒錢」。想要創造出種子基金，就必須好好管理零用錢，努力把錢存下來。

　　讓我們一起來看看溫瑟能夠存到多少錢，並整理在零用錢記帳簿吧！

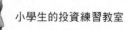

7 月　1 日：上個月剩下的零用錢 90 元

7 月　5 日：爸爸給了零用錢 110 元

7 月 15 日：天氣太熱了，所以用了 20 元買冰淇淋來吃

7 月 21 日：洗碗後得到 70 元

7 月 25 日：買玩具車用了 45 元

7 月 31 日：捐款 20 元幫助貧困家庭

月	日	項目	進帳	花費	餘額
7月	1日	上個月剩下的零用錢	90		90

第3章

買股票和賣股票

買不到股票了

「哦，這是你寫的嗎？寫得很好耶？」

夏恩才剛走進教室，就立刻跑去通知欄前面，她看著智語微微一笑。智語臉上堆滿笑容，用手指比出V字。

到了午休時間，教室裡的「大山證券公司」再次開業。溫瑟迅速衝了過去，將機器人科學社的股票一掃而空，夏恩則是購買了2股影像創作社和2股K-pop社的股票。今天想要買股票的同學比昨天還多。

「第一批發行的股票全部賣光了。」

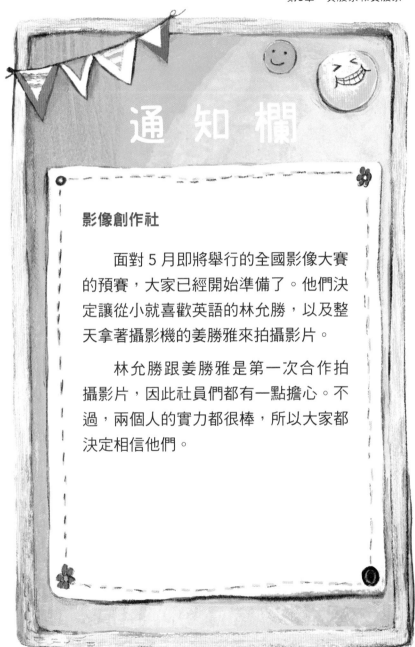

通 知 欄

影像創作社

　　面對 5 月即將舉行的全國影像大賽的預賽，大家已經開始準備了。他們決定讓從小就喜歡英語的林允勝，以及整天拿著攝影機的姜勝雅來拍攝影片。

　　林允勝跟姜勝雅是第一次合作拍攝影片，因此社員們都有一點擔心。不過，兩個人的實力都很棒，所以大家都決定相信他們。

　　距離午休時間結束還有一點時間，老師卻如此喊道。

　　「老師，那以後都不能買股票了嗎？如果有人想要買股票，但是還沒有買的話，怎麼辦呢？」成珉大聲問。

　　這時，老師從座位上站起來，對著大家說：

　　「來，老師曾經說過，股票可以自由買入及賣出，對吧？」

　　「對！」

　　「但是，股票只能透過證券公司來進行買賣。否則，大家都可以到處買賣股票，這樣就沒辦法知道哪些股票是真的。」

　　老師講完這番話，溫瑟立刻舉手說：

　　「所以我們也要在大山證券公司賣出股票嗎？」

　　「沒錯，因為我們班上有證券公司，所以現在才可以買賣股票哦！」

　　「老師，那我可以在證券公司買到已經買不到的股票嗎？」

　　成珉從剛才開始就一直想要提問，現在終於輪到他了。

　　「怎麼辦呢？現在大山證券公司裡沒有股票了。公司如果想要重新擁有股票，就只有一個辦法。那就是持有股票的人，將自己持有的股票賣給公司。」

　　「啊，我不想賣耶……」

　　溫瑟本來是在自言自語，但聲音似乎有一點大聲。

　　「是啊，也許大家還不想把股票賣掉。如果變成這樣的話，同學們會怎麼做呢？想要買股票的同學過來證券公司，報上自己願意出錢的價格吧。」

　　「什麼？那又是什麼意思啊？」

　　大家一頭霧水地看著老師。

　　「如果你們有很想買到的股票，就來證券公司提出『我要用 14 元買那支股票』。如此一來，持有那支股票的同學之中，應該也有人會覺得『如果有人出 14 元的話，我願意賣掉』，對吧？這樣的話，股票的價格就會變成 14 元，交易也就可以成功。」

　　「啊……」

　孩子們點了點頭。

　「從現在開始，如果有人想賣出或買入股票，隨時都可以來大山證券公司。證券公司本來會先收取手續費，才能進行股票交易，但是大山證券公司不會收大家一毛錢，是一間非常棒的公司哦！」

　老師重新回到座位上，如此說。然而，目前還沒有孩子願意賣出或買入股票。

哎呀，股價下跌了！

「媽媽，我回來了⋯⋯」

放學後，夏恩跟智語一起去上了補習班。回到家的夏恩在玄關停下腳步，因為門口放著一雙她從沒見過的鞋子。夏恩一邊歪著頭，一邊走進家門，便看到溫瑟和哥哥面對面坐在客廳桌子旁，讓她嚇了一跳。

「嗨！」

溫瑟朝她揮手，但夏恩卻看也不看就大步走過，並用力打開房間的門。在房間裡看著電腦螢幕的媽媽嚇了一跳，回頭看向身後的夏恩。

「媽媽，他為什麼在這裡？」

「啊，溫瑟從今天開始要跟哥哥一起學數學。」

「什麼？奇怪耶，為什麼他偏偏要在我們家裡念書啊？」

夏恩的聲音越來越高亢，媽媽不禁搖了搖頭。

「夏恩，溫瑟跟哥哥才剛開始念書沒多久，媽媽希望你能安靜一點。還有，溫瑟又不是第一次來家裡，你怎麼那麼大驚小怪？」

夏恩氣呼呼地回到房間，並傳了訊息給智語。

她跟智語用訊息聊了一下天，就聽見媽媽叫她去吃晚飯。跟智語聊天以後，夏恩的心情舒暢了一些，她開心地跑向廚房，卻又再次放聲大叫：

「他怎麼還在這裡啊？」

因為，溫瑟就坐在餐桌旁。

「溫瑟的媽媽說今天會比較晚下班，所以我叫溫瑟留下來吃晚飯。」

媽媽一邊將飯菜端上桌，一邊如此說。

「你為什麼一見到溫瑟就哇哇亂叫啊？你該不

會喜歡人家吧？」

　　哥哥將湯碗放在餐桌上，然後看著夏恩頑皮地笑了起來。

　　「啊啊！你在說什麼！」夏恩驚慌失措地叫喊。

　　「哥，她喜歡的另有其人。至於那個人是誰呢……」溫瑟不懷好意地說。

　　夏恩立刻咬緊牙關，雙眼瞪視著他。

　　「你閉嘴啦！」

　　溫瑟嘴角緊緊閉著，臉上依舊充滿笑容，兩人之間流淌著令人尷尬的緊張感。

　　「對了，溫瑟，你也投資了股票嗎？我聽說你們班上的老師正在進行投資計畫？」

　　面對哥哥的問題，溫瑟點了點頭。

　　「嗯，我也投資股票了。」

　　「你買了哪一支股票？」

　　「我買了融合科學社和機器人科學社的股票。我們學校科學社的同學都很厲害……」

　　「咕，你們融合科學社根本就比不上機器人科學

社。」夏恩嘟起嘴脣說。

　　溫瑟點了點頭，表情沒有任何改變。

　　「對啊，機器人科學社真的表現得更好。參加過許多比賽，也拿到很多獎項⋯⋯他們真的很努力。我覺得繼續這樣下去，他們在參加比賽之前腦子都要冒

煙了！」

「哦，看來他們真的很努力。夏恩，你有買機器人科學社的股票嗎？」

「哥，她去買了影像創作社的股票，因為……」

「你閉嘴啦！」

聽見夏恩急促的吶喊，溫瑟依舊笑眯眯。

幾天後的早晨，夏恩和智語一進到教室，就立刻走到通知欄前。

「啊，我還是賣掉無人機社的股票，然後拿去買機器人科學社的股票好了。」

「對啊，聽說四年級的學生連無人機都不會操作。怎麼知道以後能不能飛起來？」

孩子們看著通知欄，你一言我一語地討論著。這時老師走了進來，孩子們匆匆回到各自的座位上。

午休時間一到，教室裡的「大山證券公司」又開張了。於是，早上說想要賣掉無人機社股票的俊書趕

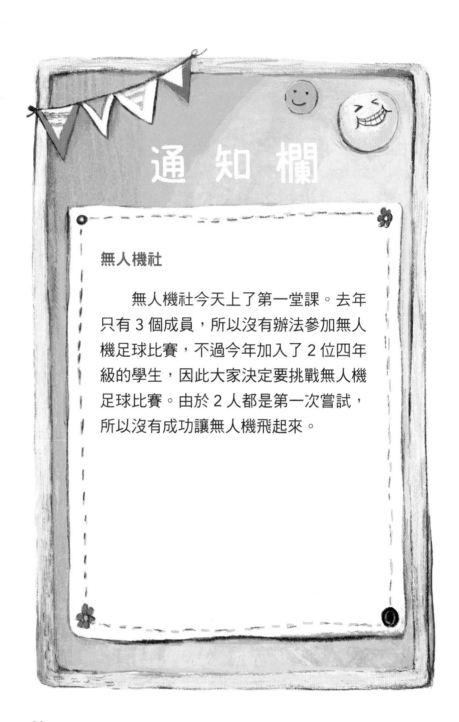

無人機社

　　無人機社今天上了第一堂課。去年只有 3 個成員，所以沒有辦法參加無人機足球比賽，不過今年加入了 2 位四年級的學生，因此大家決定要挑戰無人機足球比賽。由於 2 人都是第一次嘗試，所以沒有成功讓無人機飛起來。

緊跑向老師。

「老師，我要賣出無人機社的股票。」

「讓我看看。俊書持有 4 股無人機社的股票耶？全部都要賣出嗎？」

「對。」

「你打算用多少價格賣出去？」

「我想賣 10 元。」

「嗯，10 元？我知道了，先這樣試試看吧。」

老師點了點頭，並環顧教室一圈。

「現在，俊書說要出售無人機社的股票。各位同學當中，有沒有人想以原價 10 元來購買無人機社的股票？」

大家紛紛搖了搖頭。

「好，那 9 元的話，有誰想要買呢？」

「如果是 9 元的話，我想要買。」

成珉舉起了手。

「成珉，你為什麼會想用 9 元買無人機社的股票呢？」

「剛才其他人都在說，無人機社的四年級同學表現得不好，不過我覺得這才剛開始而已。去年載宇和金河英 參加無人機程式設計大賽，結果拿到了第三名。如果四年級的同學好好學習，我想應該也能表現好。所以，9 元的價格已經比其他股票便宜，以後也有上漲的可能性，我才會想要買下它。」

有幾個孩子都對成珉的話點頭連連。

「嗯，是嗎？那麼，俊書，你願意用 9 元賣掉這支股票嗎？」

俊書的臉上愁眉不展，他陷入了苦惱之中。

「啊，我本來想賣掉這支股票，轉去買機器人科學社的股票，如果用 9 元賣出的話，就只能買 3 股機器人科學社的股票。但我有 4 股無人機社的股票耶……」

「啊，俊書，這可能也跟你想的不太一樣。你想先賣出無人機社的股票，然後買入機器人科學社的股票嗎？如果這是你的計畫，必須要先有一位擁有機器人科學社股票的同學，願意將他的股票售出，那樣你才能買到哦！」

老師再次環顧了同學們一輪。

「來吧，機器人科學社的股東們，有人想用原價10元賣出股票嗎？」

買入了機器人科學社股票的同學們都搖了搖頭。

「嗯，那如果是 14 元，有人想要賣嗎？」

大家的頭依然左右搖動。

「好，16 元呢？」

這時，溫瑟舉起了手。

「如果是 16 元的話，我想要賣出 2 股。」

「好，這樣的話，溫瑟就以 16 元的價格，釋出了機器人科學社的股票。現在，我再來問問看俊書。16 元的股票，你要買嗎？」

「啊……」

對話進行的過程中，俊書一直皺著眉頭，雙手托著臉頰嘆氣。其他孩子也隨著這個氣氛，表情都變得嚴肅了起來。

「來，股票交易就是這樣完成的。為了讓大家更容易理解，老師告訴大家一個專業術語，想要賣股票

的人，或者想要買股票的人在售出股票時，給出的價格就叫『報價』。剛才成珉說的 9 元，還有溫瑟說的 16 元，這些都是所謂的報價。」

同學們一臉茫然，但還是點了點頭。

「好了，俊書，你理解現在的狀況了嗎？」

「理解了。」

「那就只剩下做決定了。你想怎麼做呢？」

俊書思考了好久，才回答：

「我要把無人機社的股票以 9 元的價格賣出，至於機器人科學社的股票，我想再考慮一下。」

老師再次環顧著同學們說：

「好，那麼這筆交易就這樣成交了，無人機社的股價為 9 元。這個價格會維持到下一次的交易出現為止。」

成珉用 9 元買下俊書的所有股票，寫在無人機社箱子上的股價變成了「9 元」。

「唉呀！」

一些持有無人機社股票的同學都長長地嘆了一口氣。

我的第一份經濟筆記③

夏恩一家人的勞動收入是？

投資的時候，有穩健的勞動收入十分重要！

　　每到週末，夏恩的哥哥就會用打工賺來的錢去投資股票。透過工作賺的錢就叫做勞動收入，勞動收入是投資非常重要的一塊拼圖。現在，讓我們來判斷一下，下一頁的例子中，哪些是夏恩一家人藉由工作賺取的勞動收入呢？

夏恩家的收入

1. 夏恩哥哥週末打工收入 1,100 元

---

2. 夏恩爸爸彩券中獎 220 元

---

3. 夏恩打掃家裡獲得 70 元

---

4. 夏恩媽媽的股票收益 1,800 元

---

5. 夏恩收到阿姨給的零用錢 200 元

---

6. 媽媽打掃的時候找到 100 元

請根據上面的描述，選出透過工作賺取勞動收入的項目。

第4章

成長茁壯的
夢想投資計畫

親眼去確認看看

放學回到家裡的夏恩一邊吃晚餐，一邊分享在學校裡發生的事情。

「終於開始進行交易了，你的大腦應該正在激烈打架吧？」

哥哥饒富趣味地笑著。

「啊，真的好複雜啊！雖然我覺得9元很划算，但又擔心萬一以後股價跌得更低該怎麼辦。不過，機器人科學社的股票好像會繼續上漲，所以有點想買……但是又不太想買……」

夏恩自言自語的碎念讓所
有人都笑了出來。

「話又說回來，夏俊啊，
你上次買的 **IT** 股票賣掉了嗎？
你不是早上還很苦惱嗎？」媽
媽開口問。

哥哥臉上的笑容立刻消失殆盡，說：

「我剛才把它賣掉了，這筆交易可能會成為我投

> **IT**
> 資訊與通訊技術。
> 由Information（資
> 訊）及Technology
> （技術）兩個單字
> 組成。

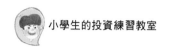

資經歷上的黑歷史。」

「咦？你損失了多少錢呢？」

「我在股價 519 元時買了 20 股，今天用股價 497 元賣掉了，總共損失了 440 元。」

「唉唷，真是……」

聽完，媽媽左右擺了擺頭。

爸爸說：「夏恩，如果你不想跟哥哥一樣賠錢，以後真的要投資時，跟媽媽一樣用長期投資的策略比較好。」

聽了爸爸的話，夏恩不禁瞪大雙眼。

「長期投資？」

「一間能夠穩健經營的公司，負債少、現金多、資產也多，長期投資這種公司，就是所謂的長期投資策略。媽媽就是這麼做的，所以都沒有虧錢。」

「長期投資的話，需要維持多久的時間啊？」

「沒有硬性規定要投資多長的時間，不過最少要投資 5 年以上，才算是長期投資。」爸爸看著夏恩，認真地說。

單筆投資

想投資的月分
一次投資一大筆錢

 1 月

500 ⊕ 2 月

500 ⊕ 3 月 ←

500 ⊕ 4 月

500 ⊕ 5 月

500 ⊕ 6 月

500 ⊕ 7 月 ← ⊕

500 ⊕ 8 月

定期定額
投資

一個月1次
一年12次

500 ⊕ 9 月

500 ⊕ 10 月

500 ⊕ 11 月 ← ⊕

500 ⊕ 12 月

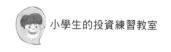

「那要怎麼做呢？」

「主要有兩種方法。**第一種方法是每個月投資固定的金額，這種方法叫做『定期定額』。第二種方法是在自己想要投資的月分，一次拿出一大筆錢投資，這種方法叫做『單筆投資』。**」

「媽媽，你是怎麼投資的呢？」

爸爸將手靠在夏恩的耳邊，小聲地說：

「爸爸每個月領到薪水之後，會自動撥一筆錢到媽媽的帳戶，讓媽媽每個月都可以投資股票。這就是第一種方法的定期定額投資。」

爸爸說完以後，笑得眼睛都瞇起來了。

「即使要執行長期投資，還是得選擇好企業，這一點是不會變的，對吧？可是，我們社團輔導課沒有財務報表，也不知道他們都在做些什麼活動……總之，我不知道哪一個社團比較有前景。」

夏恩的一番話讓哥哥感到非常不悅。

「你不會直接去看社團輔導課怎麼上啊？用自己的眼睛去看，那些同學做得好不好、有沒有努力參

與，不就都可以看清楚了？如果是我，就直接去親眼看看了。」

「你哥哥說的沒錯。我們沒辦法直接去看一間企業怎麼經營，所以才需要去看財務報表、損益表或媒體報導之類的資料。既然你可以親眼看到，這也是很棒的方法。」

媽媽也同意哥哥的想法，對此點了點頭。

不是你叫我買的嗎？

「夏恩，我今天沒辦法跟你一起去補習班了。我必須去 K-pop 社做採訪，所以你就先走吧。」

放學時間到了，夏恩正在整理書包，智語匆忙地站了起來，對著夏恩如此說。

此時，夏恩想起了媽媽跟哥哥說過的話——親自去社團輔導課看看。

「我也跟你一起去。自己一個人走太無聊了。」

夏恩跟智語一起前往體育館，K-pop 社正聚集在那裡。

「沒看見雅真耶？」

夏恩朝體育館裡環顧了一圈，接著向智語問。

「咦？怎麼會這樣，等等……」

智語匆匆跑進體育館中。過了一下子，她又跑回夏恩身邊。

「完蛋了。」

「怎麼了？」

「聽說雅真前一陣子變成 JYP 娛樂公司的練習生了。」

「啊？所以她不參加 K-pop 社了嗎？」

「雅真說如果她落選，就一定會參加 K-pop 社。可是，沒想到她一下子就通過甄選了。」

「喂，這樣該怎麼辦？」

「我也不知道啊。K-pop 社的股價不漲的話，該怎麼辦啊？」

「是你叫我買，我才買的耶……」夏恩有些埋怨地對智語說。

「我也不知道會這樣啊。而且，你也只買了 2 股

117

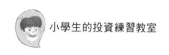

而已吧？我可是買了 7 股耶。唉……」

智語嘆了長長的一口氣。

就在兩人說話的期間，K-pop 社的社員們全都聚集在一起，一邊跟老師說話，一邊看起了影片。

「唉，就算心情很不好，該做的事情還是要做。我們靠近一點看吧。」

智語拉起夏恩的手臂。

K-pop 社的社員及老師正在觀看團體舞蹈的練習影片，同時彼此交談著。接下來，他們決定好要練習的曲目，就結束了第一堂課程。

夏恩想起成為 JYP 練習生的雅真。

「像 SM、JYP、HYBE 這樣專業的娛樂經紀公司，就是用這樣的方式努力訓練，然後才可以成為藝人啊！」

「夏恩，我們走吧！」不知不覺中，已經從 K-pop 社指導老師身邊回來的智語說。

「聽說 6 月的時候，K-pop 社會參加我們地區舉辦的比賽，但不是所有人都可以出賽，只有三四個表

現好的同學可以去。他們說一定可以得獎，所以叫我好好寫報導呢！」

　　「呼，那真是太好了。」

　　「不過要是雅真在的話，那就好了……」

　　智語的話尾伴隨著一聲嘆氣。

擴大計畫

第二天，通知欄上終於貼了股價變化圖，還有智語所寫的 K-pop 社新聞。

同學們三五成群地聚集在通知欄前面聊天，這時老師走了進來。老師進行簡單的早會之後，便把勝輝及智語叫了過去，說有事情要跟他們說。

過沒多久，智語表情僵硬地回到座位上。因為就要開始上課了，所以沒辦法問她發生了什麼事情。

「智語，老師剛才為什麼把你叫過去啊？」一到下課時間，夏恩立刻詢問智語。

K-pop 社

　　K-pop 社已經開始準備 6 月分的地區比賽了。據說，K-pop 社會選出 3～4 名同學參加比賽。老師還特別強調，每一位同學的實力都很棒，無論是派誰出賽，一定都可以得獎。

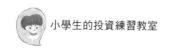

智語的表情仍然十分沉重。

「唉，那個啊……」

智語嘆了一口氣，突然開始說起牛頭不對馬嘴的話：「我覺得當記者真的好難哦！」

「咦？你怎麼這麼說？」

「老師告訴我在寫新聞報導的時候應該要注意的地方。還說寫新聞報導，要準確地傳達事實，不可以偏心任何一方……總之，可能是我昨天寫了那篇文章，所以老師才特別提醒我吧！我仔細想了想，可能是因為我買了很多 K-pop 社的股票，所以才想多寫一點 K-pop 社的好話。」

「所以，老師注意到這件事情，才會對你說這些話嗎？」

智語搖了搖頭。

「我不知道，反正我之後不能再這麼做了。」

夏恩拍了拍智語的肩膀。

幾天過去了。這段期間，股票價格發生了些微的變化。夏恩擁有的 K-pop 社股票依舊維持原本的價格，不過，最近添入新設備的影像創作社，股價上漲了 2 元。最令人驚訝的是，融合科學社及機器人科學社的股價。融合科學社上漲了 5 元，而機器人科學社上漲了 9 元。由於這個現象，同學們一直在討論是否該買入融合科學社及機器人科學社的股票。

「各位同學，老師有新的消息。」

早會時間，老師面帶笑容地看著大家。

「我們的計畫很受大家的歡迎，老師也收到一些意見，說其他班級的同學想要一起參與。肯定是因為各位同學的大力宣傳，對吧？」

孩子們都咦咦笑了起來。

「所以，我決定讓 3 班跟 5 班的同學一起加入這個計畫。從下星期開始的午休時間，大山證券公司開門時，3 班跟 5 班的同學也會來我們班上進行交易。」

「哇！」

孩子們開始議論紛紛。

「因為其他班級的同學也要買股票，所以現在的股票數量是不是有些不夠呢？」

「是！」

「老師現在要增加股票的數量。既然增加了股票的數量，我們可以捐款的

股價變動		
影像創作社	12元	2 ↑
融合科學社	15元	5 ↑
機器人科學社	19元	9 ↑

金額就更多了，對吧？」

「對！」

本來鴉雀無聲的教室裡，重新開始熱鬧了起來，彷彿回到這個計畫剛開始進行的時候。同學們只要一有時間，就會討論要不要多買一些股票。

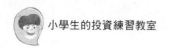

 # 我的第一份經濟筆記④

金錢的價值會隨著時間的推移而變化！

我們來看看什麼是「通貨膨脹」吧！

　　我們身邊的物品與股票的價格，都是怎麼變化的呢？跟現在相比，過去的價格便宜到令人無法想像。物品與股票價格會持續上漲，都是因為有「通貨膨脹」的影響。所謂的通貨膨脹，就是隨著時間的前進，貨幣價值會跟著減少，物品價格也就跟著提高的一種經濟現象。

　　向爸爸、媽媽或老師詢問看看下表物品以前的價格，順便一起了解股票在 10 年前的價格吧！

以前的價格	名稱	現在的價格
	一碗炸醬麵	
	一本筆記本	
	剪頭髮的費用	
	一顆西瓜	

第 5 章

哇，我的股票上漲了！

股票
名稱 無人機社股票

現價 12元2股

姓名：×××

2元的獲利

終於到了星期一。過去幾天裡，夏恩一直收到3班跟5班同學的詢問，想要請教她關於夢想投資計畫的內容。雖然同樣的話重複講了好幾次，讓人感到有一些疲倦，但是也多虧了這個機會，夏恩才能久違地跟朋友好好聊天。

夏恩的班上，大部分的同學們也都在經歷同樣的事情。尤其是朋友很多的智語，聽說還接到了三四通電話。因此，夏恩班上的同學們，還有3班跟5班的同學們，大家都十分期待星期一的到來。

就像上星期提到的……大家都很好吃吧？

早會時間，老師開始說明從今天起改變的事情。

「就像上星期提到的那樣，每一門社團輔導課都會額外發行 20 股的股票。新發行的股票就稱為『新股』，只有我們班上原本就是股東的同學可以購買新股。

關於新股的價格，我會貼在公布欄上。想要買入新股的同學，可以過來跟老師說。這樣大家明白了嗎？」

「明白！」

「好，那麼老師希望從今天的午休時間開始，大家可以親切地對待拜訪我們班級的同學們。」

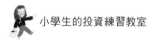

「好！」

第一節課結束後，老師就跟早上講的一樣，將寫著新股價格的紙張貼在公布欄上。夏恩也混在人群之中，仔細閱讀紙上寫的內容。

最初同樣是 10 元的股票，現在都以各自的新價格發行了新股。有些孩子看見下跌的股票價格，都不禁愁眉不展。

　　等待已久的午休時間終於到了。夏恩趕緊吃完午飯，回到教室之後，發現教室裡已經擠滿很多同學。

　　「哇，好多人啊！」夏恩感到十分驚訝，向智語感嘆道。

　　「哎呀，要是 K-pop 社的股票可以趁這個機會漲起來就好了！」

　　「上漲了又能怎樣？」

　　「我要把 K-pop 社的股票賣掉，然後把錢拿去買機器……」

　　智語說到一半就停了下來，還用手摀住嘴巴。

　　「哼，我早就看穿你了！」

　　「也是，畢竟你跟我最要好嘛……」

　　智語勾著夏恩的手臂，左右搖晃著身體，不停地向夏恩撒嬌。

　　「這裡有想要賣掉 K-pop 社股票的人嗎？有 5 班的同學說想要買哦！」老師環顧了教室一圈說。

　　「咦？我要賣！」夏恩將手高高舉起。

　　「你想要賣多少價格呢？」

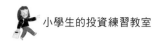

「12 元！」

老師露出為難的表情，然後說：

「怎麼辦呢？這位同學說想要以 11 元來買下股票呢！」

夏恩猶豫了一下子，便接著說：

「那我要用 11 元賣掉 2 股。」

老師跟站在前面的孩子交談了一下，然後對夏恩做出靠近的手勢。

「哇！」

夏恩用 11 元賣掉了 2 股，這些股票都被 5 班的同學買下來了。這件事讓夏恩的心情變好了，因為夏恩終於得到了 2 元的獲利。

夏恩回到家後，連包包都還沒放下就趕緊跑向媽媽，分享自己獲得 2 元收益的好消息。

「哦，夏恩真是了不起。」

媽媽撫摸夏恩的頭頂。此時，從廁所走出來的哥

哥抱著肚子，誇張地大笑起來。

「哈哈哈！2元？」

「你笑什麼？」

夏恩不高興地看著哥哥。

「聽說溫瑟的獲利已經快要70元了耶？」

「那是因為他買了很多機器人科學社的股票啊！」

「看來溫瑟很擅長投資耶！你也去買一些會上漲的好股票啊！」

「夏恩又沒有賠錢，幹麼這麼說呢？倒是真正有損失的你⋯⋯」

「啊，媽，你別說了！」

哥哥朝媽媽攤開手掌，接著轉頭看向夏恩。

「你投資的那些社團輔導課程，你都親眼去看過了嗎？」

「是沒有每一個都看啦⋯⋯」

「全部都去看看吧！你知道嗎？也許你能看到一些可能性，是其他同學沒有察覺到的哦。」

「就算是這樣，我也不想去科學教室。」

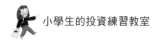

「為什麼？」

「因為溫瑟也在那裡……」

「唉，那可不行啊。」

哥哥坐在沙發上說：

「夏恩，股票上漲都是有理由的！**很多人都覺得有成長的可能性，那支股票才會上漲**。所以你不用想其他的事情，只要去思考那門社團輔導課未來可以成長多少就好！」

夏恩也明白哥哥講的話是正確的，但她還是不想要自己一個人去科學教室。

然而，奇怪的事情發生了。從那之後，夏恩的腦袋就一直浮現哥哥講的話，無論是在跟夏榮玩耍的時候，還是在看影片的時候。接著，她的腦袋裡冒出一個問題：「要不要去科學教室看看呢？」

找出股票上漲的原因

　　第二天的午休時間，湧進夏恩教室的同學比前一天更多了。在那些同學們之中，也有 5 班的藝書。

　　雖然努力想裝作沒看見，但是一看見藝書的臉，就會再次想起昨天哥哥說的話。與此同時，夏恩也想要用自己的眼睛確認，股票上漲的原因是什麼。

　　「夏恩，你今天一整天都不說話，發生什麼事？」

　　結束了學校的課程，正在前往補習班的路上，智語十分認真地詢問了夏恩。

　　「智語，其實……」

　　夏恩走到智語的面前，小心翼翼地說出自己從昨天到今天，一直徘徊在心裡的想法。

　　「哈哈哈哈，我還在想又怎麼了……你就因為這件事，所以整天都像在生氣一樣嗎？」

　　智語睜大了眼睛，在聽完夏恩的話以後，忍不住哈哈大笑起來。

　　「下一次機器人科學社上課的時候，你跟我一起去看吧！」

　　「唉，要是藝書覺得我們很奇怪，那該怎麼辦？」

　　「應該不會吧？」

　　智語笑著說，雙手左右擺動。

　　幾天後的午休時間，有 5 個 5 班的孩子走進夏恩他們的教室，他們朝老師走去，並說要買無人機社的股票。

　　「無人機社？你們 5 個人分別要買 3 股嗎？我來看看。」

　　老師在黑板上寫下一段內容：「有 5 個人各自想以 10 元買入 3 股無人機社股票（現價 9 元）。」然後開始跟班上的同學們討論。

　　過了一下子，持有無人機社股票的同學之中便出現想要賣出的人，這筆交易比想像中還要快成交。

　　「可是，大家都跑來買無人機社的股票，是不是有什麼原因呢？」

　　老師也感到十分好奇，便詢問孩子們。

　　「我看見上次無人機社上課的過程，每個同學都表現得很好。他們不但操作得很順利，聽說程式設計也做得比去年好。所以我們就約定，今天要來買他們的股票。」

　　其中一個孩子說完，另一個孩子也跟著點頭稱是。

　　「嗯，原來如此。那麼各位同學，你們實際去了解過關於無人機的事情了嗎？」

　　老師環顧了教室一圈，朝所有人問。話一說完，溫瑟馬上舉起手。

　　「最近到處都是教無人機的課程耶！未來一定

會出現很多無人機計程車或無人機快遞！」溫瑟自信
滿滿地說。

「那個人還真是裝模作樣的大魔王！」

5-5

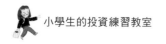

夏恩嘟著嘴喃喃自語。

下課之後，夏恩跟在智語的身後，邁著沉重的腳步走向科學教室。

「唉呀，快點跟上來！」

智語回頭看向後面，做出一個跟上的手勢。接著她拉住步伐搖晃的夏恩，像蝴蝶拍翅一樣啪啪地晃動。

抵達了科學教室的前面，陌生的光景出現在夏恩及智語眼前，讓兩人都嚇了一跳，因而停下了腳步。除了負責傳達科學教室相關消息的勝輝，還有世恩、宰律，以及一些 3 班跟 5 班的同學們，大家早就已經聚集在走廊。

「咦？世恩，你怎麼會在這裡？」智語走向世恩問道。

「我爸爸叫我親眼來看看社團課。用自己的眼睛看過，投資的時候就會有幫助……所以，我上個星期

也來了。」

「哇！我爸爸媽媽也說了一樣的話。」

夏恩十分驚訝，用手捂住了嘴巴說。

「所以聚集在這裡的同學，都是為了看科學教室裡的上課過程嗎？」

智語轉頭看了一下走廊，向世恩問。

「應該是吧？勝輝好像是為了寫新聞才來的。」

「那我們是要從窗戶看裡面的情況嗎？」

夏恩提問，她的手指著窗戶。

「上個星期我是這麼做的，但是從今天開始，老師說會在科學教室後面準備椅子，讓大家坐在裡面觀摩。」

「哦，那太好了！」

智語雙手一拍，轉頭看向夏恩。

過了一會兒，科學教室的門打開了，科學班的老師做了手勢請大家進去。同學們小心翼翼地走進去，坐在後面的椅子上。但是，有一件奇怪的事，科學教室裡只有融合科學社的社員，機器人科學社的社員都

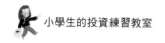

不在。

「機器人科學社今天不用上課嗎？」

智語悄聲詢問夏恩。夏恩搖了搖頭，表示自己也不知道。

老師說，融合科學社的社員們幾週前開始進行的計畫——「建設我們的社區，環境友善生態城市」幾乎完成了，今天會進行收尾的階段。融合科學社的社員們偷偷看了一眼坐在後面的同學，不知道是不是在留意他們的視線，格外認真地開始製作作品。

「好奇怪，記得機器人科學社明明也是今天上課呀……」

參觀完科學教室裡的課程，離開學校的途中，智語歪著頭十分不解，重複了好幾次同樣的話。其實夏恩也有些好奇，畢竟她是為了看機器人科學社的上課過程才去的，不過她擔心會講到藝書的話題，因此沒有開口接任何話語。

屬於我的股票選擇標準

第二天早上，夏恩跟智語一進到教室裡就馬上走到通知欄前面。

通知欄上貼著融合科學社及機器人科學社的最新消息。

「咦？機器人科學社昨天有上課嗎？」

智語像是自言自語般小聲說，她轉身朝著勝輝的位置走去。

「喂，到底是怎麼回事啊？昨天科學教室裡不是只有融合科學社在上課嗎？」

「啊，機器人科學社在音樂教室上課。聽說他們跟融合科學社一起上課會妨礙到彼此，所以從這個星期開始，他們會分開上課。」

「那你應該要告訴我們啊！」

「這個……機器人科學社他們距離比賽沒多少時間了，現在有很多事情要做，所以他們好像不想要有人去打擾他們。我也是快結束的時候，才去看一下下而已。」

「他們真的很努力嘛！我想得果然沒有錯！」

智語笑容滿面地拉起夏恩的手。

「你幹麼這麼高興？你不是沒有買機器人科學社的股票嗎？」

夏恩露出無法理解的樣子，連眉頭都皺了起來。

「我今天就要買了啊。」

「今天？」

智語點了點頭。

過了一會兒，老師走進教室，然後在講台上放了一疊便條紙。

「各位同學，大家昨晚都有睡飽，早餐都有吃飽嗎？」

「有！」

「嗯，看你們聲音那麼大聲，應該是吃飽了才來上學。今天要告訴大家的消息是……從今天開始，大山證券公司的交易方式會稍微改變。」

「會變成怎麼樣呢？」成珉大聲地問。

「現在來交易的同學越來越多，老師已經沒有辦法一個一個詢問大家，再幫大家進行交易了。」

這是事實。只要一到午休時間，許多同學就會蜂擁而上。老師跟孩子們互相大聲交談，並在黑板上寫下交易內容，這種決定股價的方式確實過於混亂。

「所以從今天開始，我們要使用這個便條紙。」

老師舉起那一疊便條紙給大家看。

「想要交易股票的同學，請好好利用下課時間，在便條紙上寫出自己想要買入或賣出的股票、股數及報價，然後貼在老師的桌子上。老師會全部看完之後，再去更新股價。等到下一次午休時間，就可以使用更

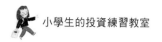
新過的股價來進行交易。這樣大家都理解了嗎？」

「老師，這樣其他班級的同學也會在下課時間來我們的教室嗎？」溫瑟問。

「3 班跟 5 班一樣要使用便條紙留下交易內容。那些同學必須在自己的班級上寫好便條紙，再把便條紙帶過來貼，這樣下課時間進出教室的人會有一點多，對吧？老師希望各位對那些過來班上的同學親切一點哦！」

孩子們都跟著點了點頭。

到了下課時間，除了夏恩班上的同學們，有幾名3班跟5班的孩子也過來將便條紙貼在老師的桌子上，而智語也在人群之中。

「啊，總覺得好緊張啊！我今天一定要買到機器人科學社的股票……」吃完午餐回到教室的路途中，智語雙手交握著說。

「喂，你幹麼那麼緊張，還一副在禱告的樣子？」

「我今天一定要買到才行，因為機器人科學社的股票一直在往上漲啊！剛才我在便條紙上寫了25元，要是價格漲得比這個數字還高，那該怎麼辦呀？這樣今天也買不到了嘛！」

智語非常擔心。

「唉唷，怎麼可能嘛！現在才19元，怎麼可能會突然漲這麼多？」

夏恩一邊這麼說，一邊也開始好奇機器人科學社的股票價格會變多少。

進到教室之後，已經有許多孩子聚集在證券公司前

面。正如老師的預告，透明箱子上貼了更新過的股價。

「哇，真的跟我想一樣！」

智語指著寫上 25 元的透明箱子說。

接著她開始摸索著拿出錢，大家紛紛走到股票交易的隊伍後端排隊。

　　夏恩回到座位上，看著同學們排隊的模樣，猛然起身走到通知欄前面。

　　自從夢想投資計畫開始進行之後，勝輝跟智語會到各個社團輔導課進行採訪，相關消息全部都貼在這塊通知欄上。雖然每天早上都會閱讀，已經非常熟悉內容，夏恩還是重新讀了一遍，一張一張慢慢看過去。

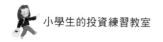

買了機器人科學社的股票後，智語興奮地蹦蹦跳跳，說：「好期待未來會漲到多少呢！」

「媽媽，我明天還想再買股票。」

回到家的夏恩在吃晚飯時，對媽媽如此說。

「哪一支股票呢？」

「影像創作社跟無人機社的股票。」

「你為什麼想要買這些股票呢？」

「影像創作社的同學一開始都在吵架，一個五年級的人不滿意自己擔任的角色，還吵著要離開影像創作社呢！不過，後來老師舉行了團結大會，而且對同學們又很溫柔，現在大家的關係非常好，練習的時間也很長。智語去影像創作社的時候，我也跟去了。他們練習的時間超過一小時，不但表現得很好，期間也都沒有吵架耶！另外，無人機社的六年級學長姐也很厲害，都有好好教導五年級的同學。勝輝也說過，他們是科學社裡最團結的一群。」

「嗯，原來夏恩喜歡成員關係好、團結一心的地方啊？」

「這也很重要啊！」

「是啊，確實很重要。只要能夠團結一心，就可以好好進步。那現在這些股票的股價是多少呢？」

「影像創作社是 18 元，無人機社是 19 元。」

「嗯，反正這個計畫的目的是做公益，夏恩最多想要捐多少錢呢？」

「啊……智語一個月的零用錢是 900 元，她說她會用其中的 110 元來買股票。我也買這麼多就夠了。」

「好啊，媽媽明天就給你 110 元。」

「哇！真的嗎？」

「是啊，這是你在這段時間裡仔細思考後下的決定，媽媽當然要尊重你呀！看你對投資金額也不貪心，知道分寸在哪裡，我們夏恩真的長大了呢！」

因為媽媽的這番話，夏恩的臉上綻放出燦爛的笑容。

我的第一份經濟筆記⑤

你有借過錢嗎？

應該要怎麼還錢呢？

　　對於任何金融活動來說，「信用」都是很重要的東西。所謂的「信用」，就是在進行金錢交易的時候，評價一個人是否足以信任的基準。我們常聽到的「信用卡」，當中的「信用」也是相同的意思哦！

　　如果想要維持良好的信用，就必須在借錢之後準時還錢。我們來討論看看下一頁的問題吧！

請寫下你曾經跟別人借錢的經驗。

借了多少金額呢？

是向誰借錢呢？

為什麼要借錢呢？

除了向別人借錢，還有其他的方法嗎？

現在的狀態是什麼呢？（已經還錢了／還沒有還錢）

如果已經還錢了，請寫下你是在什麼時間，用什麼方式還錢。

如果還沒有還錢，請寫下你的理由是什麼。

還錢的日期是？＿＿＿＿年＿＿月＿＿日

你是用什麼方式還錢的呢？

第6章

努力的機器人科學社

我想要做什麼呢？

　　隔天，夏恩一到學校就立刻在便條紙上寫下「我要買影像創作社跟無人機社的股票」，並貼在老師的桌子上。

　　「夏恩，你寫的金額是多少啊？」

　　等夏恩貼好便條紙回到座位上，智語便開口問。

　　「我就是按照現在的價格來寫，影像創作社寫了 18 元、無人機社寫了 19 元啊！ 3 天前的價格就是這樣⋯⋯」

　　「我不知道影像創作社狀況怎麼樣，但是有滿多

人想要買無人機社的耶！」

「是嗎？」

經過這段對話，夏恩忍不住把目光投向正在寫便條紙的同學們身上。

「他在寫什麼呢？他想要買哪一支股票呢？寫了多少價格呢？」

直到第三節課為止，每一節下課的休息時間裡，都有三四個人在寫便條紙。夏恩看到這個景象，腦海中便浮現出許多問號。

吃完午飯後，夏恩及智語走到大山證券公司的透明箱子前。

「哦，我的預測是對的。影像創作社的股價沒有改變，但是無人機社的股價上漲了 2 元。」智語托著下巴說。

「嗯，那就沒辦法了，看來我只能買到影像創作社的股票。」

「是啊，下一次再買就好了……」

智語輕輕拍了拍夏恩的肩膀，兩人便回到自己的

座位上。夏恩買到了 3 股影像創作社的股票，如同她在便條紙上寫下的內容。沒有買到無人機社的股票有些可惜，但光是買到影像創作社的股票，就足以讓夏恩開心不已。

放學之後，夏恩跟著前去採訪的智語來到了美術教室。道允就跟平常一樣正在設計他的車子，不過不是以前經常畫的跑車，而是一輛露營車。

就在他們的課程快結束之際，智語也跟負責的老師交談完畢，便走回來拉起夏恩的手臂。

「別看了，我們走吧！」

智語從美術教室走出來，比夏恩率先走下了樓梯。然而，她卻在音樂教室前面突然停下腳步。

「怎麼了？」

夏恩走到智語的身邊。兩人走進音樂教室裡面一看，機器人科學社的社員們都聚集在這裡。

「今天不是機器人科學社活動的日子嗎？」

智語歪著頭，露出十分訝異的表情。

在音樂教室裡，機器人科學社的同學們各自拿

著一台機器人，似乎正在做什麼事情。在一群孩子當中，藝書的身影沒有非常顯眼。環顧整個教室，才看見藝書正在某個角落裡測試完成的機器人。

「這裡的氣氛好壓抑。」智語壓低聲音說。

兩人明明站在音樂教室外，聲音也不會傳到教室裡，但總覺得就是無法大聲說話。可見音樂教室裡的氣氛有多沉重，又有多認真。

奇怪的是，她們無法移開目光。智語及夏恩兩人誰都沒有主動離開的意思。就這樣過了一段時間，她們一起旁觀了音樂教室裡的景象。認真操作機器人的藝書吐了一口氣，就在她抬起頭的瞬間，便跟智語及夏恩對上了目光。在那個瞬間，智語露出了笑容，朝藝書揮了揮手，夏恩卻不由自主地轉身背對教室。

「智語，我們走吧。」

夏恩牽起智語的手，用不知道要說給誰聽的小小聲音說。然而，夏恩的話還沒說完，音樂教室的門就打開了，傳來一道熟悉的聲音：

「智語！啊，夏恩也在啊！」

夏恩侷促地吐了一口氣，尷尬地把身體轉了回來，雙眼看向藝書。

「哇！夏恩，真的好久不見了！」

不久之前還在認真實驗機器人的模樣不見蹤影，藝書臉上掛著明亮開朗的笑容，提高聲音喊道。

「你們真的好努力啊！光是用眼睛看，也覺得快要喘不過氣了。」

聽見智語的話，藝書笑著說：

「已經離比賽不遠了嘛！大家都很嚴肅。」

藝書用手指向音樂教室，朝她們眨了眨眼睛。就這樣聊了一下子，藝書再次回到音樂教室，夏恩跟智語也回到走廊上。

「我覺得買機器人科學社的股票是正確的。他們這次也會表現得很好，你不覺得嗎？」

智語在旁邊喋喋不休，但是夏恩的心情卻十分複雜，因此一句話也沒回應。

「劉夏恩，你怎麼又一臉世界末日的樣子？」

吵吵鬧鬧的智語晃了晃夏恩的手臂問。

「因為藝書的關係嗎？因為她對你的態度很隨便嗎？」

智語猜對了，這讓夏恩更沒有辦法輕易回答了。

「我就知道會這樣。我就知道你們再次見面時，會跟以前一樣！」

「你怎麼知道的？」

「我們都認識多久了……」

只是短短的一句話，也能感受到智語一直以來的想法。

夏恩結束了補習班的課程，回到家後便看見溫瑟今天也跟哥哥一起念書。夏恩跟以前一樣裝作沒看到，直接回到自己的房間裡。接下來，她開始仔細回想今天發生的事情。然而她的腦袋中，一直有個問號揮之不去。

「我喜歡什麼東西呢？我想要做什麼呢？」

其實，今天離開音樂教室之後，夏恩之所以表現

得那麼苦悶，並不只是因為藝書而已。機器人科學社的社員們把心思灌注在自己的機器人上，認真的程度連旁觀者都嘆為觀止，但是他們又看起來非常快樂。夏恩非常憧憬他們的模樣。

這麼一想，智語在計畫中擔任記者的角色，看起來每天也都很樂在其中，而溫瑟跟道允也都各自進行著有趣的特殊活動。可是不管怎麼想，自己好像都沒有特別想做的事情，也沒有特別擅長的事情，更沒有想要成為的人物，因此心底總是有一股畏縮。

「夏恩，吃飯囉。」

夏恩正沉浸在思考之中，就聽見媽媽呼喚的聲音。夏恩趕緊跑去洗手，然後坐到餐桌上。

「溫瑟，你說的那個科學探討大賽沒剩多少時間啦？」媽媽開口問了溫瑟。

「對，暑假前還有一個預賽。」

「哦？要準備的東西也不少呢！」

聽到哥哥的話，溫瑟指著自己的頭腦。

「準備的東西都必須放進這裡，因為比賽當天才

會知道主題。」

「不累嗎？要念的東西肯定很多……」

「雖然很辛苦，但是也很有趣。如果可以用自己的雙手完成當天的主題，心情一定超棒的！」

「沒錯，有些事情就是很累，但也很有趣。」

哥哥點了點頭。

「夏恩，你今天心情看起來不太好？發生什麼事了嗎？」

媽媽看著夏恩的臉問。

「沒有啦，只是在想一些事情……」

夏恩左右搖了搖頭。

「啊，我知道了。你今天跟韓智語吵架了吧？所以今天本來要去影像創作社採訪，你才沒有跟去，心情才會這麼差吧？」

溫瑟不懷好意地問，夏恩一句話也說不出口。

「好奇怪，就算我提到影像創作社的事情，劉夏恩也沒有反應耶？」

夏恩停下吃到一半的飯，狠狠瞪了溫瑟一眼，接

著又繼續吃飯。這下子，換溫瑟放下了湯匙。

「怎麼會這樣……我感覺像打了一場充滿疑問的敗仗。」

爸爸跟媽媽見狀，只是輪流看著溫瑟和夏恩，露出了笑容。

即使價格高，我也要買！

第二天，夏恩一進到教室就立刻走到講台邊，拿起一張便條紙回到座位上。然後，她在紙條上寫了：「我要用 34 元買 2 股機器人科學社的股票」。上次買完影像創作社的股票還剩一些錢，因此可以補貼一點金額，這次她下定決心，要買比無人機社更貴的機器人科學社。

「夏恩，無人機社的股票才 30 元，為什麼要買價格比較高的股票啊？」

坐在旁邊的智語看見夏恩的便條紙，驚訝地詢

問。然而夏恩的決心還是不為所動。

午休時間到了。今天股價上漲最多的股票是影像創作社。

看著同學們嘩啦啦湧上來的老師，等大家離開講台之後，才終於鬆了一口氣，然後向智語問：

「今天想要買影像創作社股票的人怎麼這麼多啊？智語，難道有我不知道的消息嗎？」

「除了通知欄上我寫的那篇文章，我不知道其他消息。」智語露出茫然的表情說。

就在這時候，世恩大聲說：「老師，影像創作社的社長是 5 班的同學。聽說那個同學一直跟自己班上的同學宣傳影像創作社，要大家來買影像創作社的股票。」

「嗯，原來是宣傳的力量啊！」

老師聽完才點了點頭。

「你們也常常看影片嗎？大家都看什麼樣的影片呢？」

老師這麼一問，孩子們便各自喊出了自己喜歡的

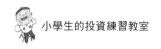

領域，比如動物、喜劇、偶像、漫畫等。

「哈哈，很棒。那你們知道，你們喜歡的影片都跟哪間公司有關係嗎？」

「YouTube ！」這次溫瑟用最快的速度大喊。

「Netflix ！」

「Kakao TV ！」

「還有 Disney+ ！」

同學們開始一一喊出自己平常使用的影音平台。

「好，大家來說說看自己會投資這些平台之中的哪一間公司吧！你們想投資哪一間呢？」

「我想投資 Kakao，我們常常使用這間公司出的 APP，而且總覺得是一間很值得信賴的公司。」成珉十分有自信地說。

但是聽到這番話的夏恩，卻不自覺地搖了搖頭。

「咦？夏恩，你為什麼搖頭呢？」

老師詢問夏恩。夏恩嚇了一跳，縮起肩膀說：

「我不想投資這些公司，因為我哥之前投資了其中一間，結果卻賠了錢。」

笑聲從四面八方傳來。

「唉呀，看起來夏恩哥哥是在股價上漲的時候買了股票呢！請幫老師轉告哥哥，希望他下次投資一定要成功。」

「好。」夏恩紅著臉回答。

「K-pop 社今天不是去參加比賽嗎？聽說拿到金牌耶！」

回到家的夏恩正在跟夏榮玩耍，就接到來自智語的電話。

「哇！他們成功了！」

「啊，還有一個好消息。」

「還有？是什麼啊？」

「藝書說，明天要一起去吃冰淇淋。」

「我也要去？」

「嗯，她很堅定地說要跟你一起吃。」

「我知道了。」

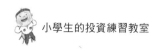

夏恩回答完便掛了電話，心情變得非常奇怪。總覺得有些尷尬，但是一想到可以跟以前一樣，三人一塊去吃冰淇淋，又感到有一點興奮。

第二天早上，老師走進教室的時候，手上拿著巧克力餅乾。

「來，各位同學！大家都知道 K-pop 社得獎的消息了吧？」

「知道！」

「他們不只得了獎，同時還拿到了獎金，其中一部分獎金拿去補貼捐款金額，剩下的部分就決定當作『股利』分給股東們。」

「股利是什麼呀？」宰律問。

「當一間公司營業有所收益時，就會將一筆名為『股利』的錢分給股東。但是我們決定今天不發錢，而是分給大家一人一塊餅乾。請 K-pop 社的股東們過來，拿一塊餅乾回去。」

K-pop 社的股東們發出歡呼聲，並領了餅乾回到自己的位置上。

K-pop社最棒!

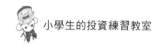

「老師，那其他社團輔導課的股票也可以拿到股利嗎？」世恩問。

「如果得到好的成果，也許就會有股利哦？」

老師的一番話，讓同學們又開始騷動了起來。

「大家安靜！在投資股票時，經常會以為企業發展擴大之後，股價必須上漲才會有收益。但是，就像今天告訴各位的一樣，我們也有機會透過股利來獲得收益，請各位務必要記得這一點。」

「好！」同學們異口同聲地回答。

放學之後，夏恩跟智語一起走向校門口。藝書比較早放學，已經在校門口等待著智語及夏恩。

三人並肩齊步，朝著以前時常光顧的冰淇淋店走去。而她們對於冰淇淋的口味喜好，也跟 2 年前一模一樣。

我的第一份經濟筆記⑥

選擇想要買的東西時，

要怎麼做決定呢？

夏恩想要買一個包包，下面的表格是她調查到的包包資訊。如果你是夏恩，會選擇購買哪一個包包呢？

	包包A	包包B	包包C
價格多少？	1,800元	670元	900元
設計如何呢？	好	普通	很好
背起來舒服嗎？	舒服	舒服	非常舒服
容易弄髒嗎？	有一點	非常容易	有一點
可以裝很多東西嗎？	很多	普通	很多

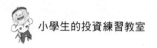

選擇購買的包包：

選擇的理由：

第 7 章

實現朋友夢想
的投資

謝謝你投資我

到了藝書參加機器人大賽預賽的那天，夏恩和智語在午休時間到 5 班，鼓勵藝書要好好表現。此外，她們還彼此約定，比賽結束後要一起玩耍。

放學後，夏恩跟智語去了補習班。

「藝書今天什麼時候會聯繫我呢？」

智語雙手緊緊交握著說。一旁的夏恩也跟著緊張了起來。

兩人剛結束補習班的課，一齊從補習班走出來。此時，三人的聊天群組跳出了訊息。

藝書
朋友們，我拿到金牌了！
6:55 PM

「哇！」就像是自己得獎一樣，夏恩和智語蹦蹦跳跳地大叫。

第二天，夏恩和智語跑進教室，看見通知欄上的新聞。正如預期的那樣，上面寫著藝書獲得金牌，以及在鉉獲得銅牌的消息。

「哇，真的好開心啊！除了藝書得獎的事讓人開心，機器人科學社的股價應該也會上漲……」

聽見智語的話，夏恩也露出燦爛的笑容。

夏恩、智語及藝書三人按照約定，放學後一起到公園玩。

「我今天心情真的很好！雖然去年也得獎了，但是感覺跟那時完全不一樣。可能是因為 3 班跟你們班

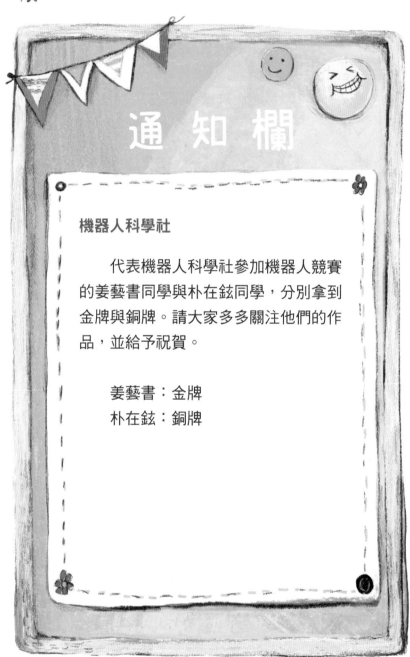

通 知 欄

機器人科學社

　　代表機器人科學社參加機器人競賽的姜藝書同學與朴在鉉同學，分別拿到金牌與銅牌。請大家多多關注他們的作品，並給予祝賀。

姜藝書：金牌
朴在鉉：銅牌

的通知欄上都貼了消息，所以有好多人都來恭喜我，買了機器人科學社股票的同學還來感謝我得獎。心情真的超級好！」

「對啊，股價上漲了許多，我也很謝謝你。」

聽到智語的話，藝書再次搖了搖頭。

「我是自己喜歡才去做的，我才要感謝相信機器人科學社，還去購買股票的同學。以後可以捐贈的錢一定會更多。」

「啊，有點肉麻耶，我們不要再講這件事了。」智語縮起肩膀說。

「為什麼不能講？繼續講股票的事情，藝書才會表現得更好，股價也會跟著上漲，我們才能拿到股利啊！我們繼續講吧！」

夏恩話音剛落，藝書跟智語便同時看向夏恩。

「哇，夏恩好可怕啊！」

智語左右搖了搖頭，三個人一齊放聲大笑。

　　後來得知了一個消息，機器人科學社獲獎的一週後，融合科學社也在地區科學探索大賽上獲得金牌，並將在第二學期參加全國大賽。得益於此，融合科學社的股價也上漲了，而溫瑟的肩膀也跟著往上抬了不少。就這樣，大家過著忙碌的一天又一天，接著，暑假來臨了。

　　「好，股票交易只會進行到這個月底。第一學期的股票交易將在本月結束，第二學期再重新開始。」

　　早會時間，聽了老師的話，勝輝舉起了手。

　　「老師，我跟韓智語在放假的時候，應該要做些什麼呢？」

　　「啊，記者確實不能一直休息。聽說機器人科學社跟融合科學社為了準備第二學期的比賽，放假期間也要繼續上課，我也聽說其他社團輔導課的社員偶爾必須來學校。所以就算是放假期間，如果有新的消息就傳給老師，我再用團體訊息寄給大家就可以了。」

　　「好！」

　　智語和勝輝異口同聲地回答。

放假啦！

100分

投資美國股票

放學後，夏恩、智語及藝書一起在公園的遊樂場聊了天，然後才各自回家。溫瑟今天也跟哥哥一起念書，夏恩依然視若無睹地回到房間裡。

哥哥和溫瑟的學習時間結束之後，媽媽便呼喊夏恩出來吃飯。今天爸爸下班的時間比較早，於是連同溫瑟，五個人一同齊聚在餐桌上。

「我所有的股票加起來總共漲了 158 元。你的漲了多少？」溫瑟問夏恩。

「我還沒算啊！」

「哦，溫瑟的股票賺了 158 元的收益嗎？」

哥哥看著溫瑟，一臉「你不錯嘛」的表情。

「大家的股票都漲了！應該沒有人賠錢吧？」夏恩說。

「呼呼，我也想買那種不會賠錢的股票。」

哥哥也許是感到羨慕，嘆了一口氣說。

「話說回來，聽說溫瑟又要參加大型比賽了？」爸爸問溫瑟。

「是的，我會在第二學期參加全國大賽。」

「哦，那還真是厲害啊？溫瑟未來想成為科學家嗎？」

「對，我想要學電腦工程。以後，我要跟道允一起去美國的公司工作。」

「嗯？美國？」旁邊的哥哥歪頭問。

夏恩一聽到道允的名字，便立刻豎起了耳朵。

「嗯，我以後想在美國這樣的大國工作。然後，我的朋友道允想學習汽車設計，未來進入特斯拉公司工作。所以我們兩個人約定好，要努力學習英語，以

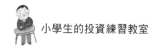

後一起去美國。」

「哇，你們好棒哦！」

媽媽豎起大拇指，爸爸也用欣慰的表情看著溫瑟。

「為什麼都是美國的公司啊？投資美股很困難耶……」

哥哥撐著額頭，爸爸跟媽媽只是笑著看向哥哥。

「為什麼很難啊？是因為英語嗎？」

面對夏恩的問題，哥哥搖了搖頭。

「那是你不會英語，我英語很好。美國跟韓國的時差超過 10 個小時，所以對韓國人來說，晚上到凌晨才是美國股市開盤的時間，如果想要投資美國股票，就沒辦法好好睡覺了。而且，因為都不是韓國企業，所以很難知道相關消息。」

「是啊、是啊。夏俊，你如果去投資美國股票，大概就沒辦法睡覺，也沒辦法好好吃飯了。」

爸爸笑著點了點頭。

我的第一份經濟筆記⑦

實現我的願望清單，

需要花多少錢？

　　在生命結束之前，整理一份自己想完成的事情清單，就叫做「願望清單」（Bucket list）。請試著寫下屬於你的願望清單，並調查需要花多少錢才能實現這份清單。

願望清單	需要的金額

第8章

我也有夢想了！

不幸的消息

　　暑假開始了。即使在暑假期間，智語也會為了轉達影像創作社的消息，每週去學校一到兩次，每次夏恩也總會跟著去。另一方面，藝書正在準備機器人科學社的比賽，除了每週會去學校兩次，其他時間都是跟智語及夏恩一起度過。因此，本來就覺得短暫的暑假轉眼間就過去了。

　　第二學期開始，度過混亂的前幾天後，大山證券公司也重新開張了。

　　隨著新學期的開始，夢想投資計畫也發生了巨

大的變化，那就是所有五年級的學生都可以來投資股票。同時，每一門社團輔導課的股票數量也各自增加了 20 股。

幾天之後，夏恩跟智語一起走進教室，像往常一樣走到通知欄前。但是，今天聚集在通知欄前的同學們特別多，大家都在議論紛紛。

「怎麼了？」

智語趕緊拉住夏恩的手。

「啊，是個有點可怕的消息。」

智語搖了搖頭。

「哇，這樣的話，不行啦……我有 5 股無人機社的股票耶！」

在一群同學們後面，坐立難安的人正是溫瑟。

後來老師走進教室，同學們便匆匆忙忙地回到自己的座位上。

「大家都知道載宇受傷的消息了吧？」

「知道！」

「持有無人機社股票的同學們很失望嗎？」

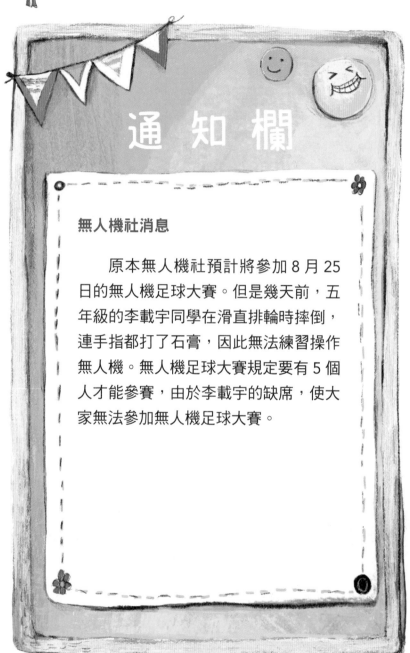

通 知 欄

無人機社消息

　　原本無人機社預計將參加 8 月 25 日的無人機足球大賽。但是幾天前，五年級的李載宇同學在滑直排輪時摔倒，連手指都打了石膏，因此無法練習操作無人機。無人機足球大賽規定要有 5 個人才能參賽，由於李載宇的缺席，使大家無法參加無人機足球大賽。

「才不只是失望而已，簡直完蛋了！」

溫瑟抓著自己的腦袋大喊。

「來，我們需要好好釐清一些事情。目前為止，無人機社的同學們都非常努力地練習了。特別是他們今年第一次參加無人機足球比賽，所以每個人都非常期待。這麼說的話，大家覺得現在最失望、最難過的人會是誰呢？」

「無人機社的同學。」

「是吧？持有無人機社股票的同學們可能會感到失望，也會擔心股價下跌。但是現在最難過的人，應該是無人機社的同學們，以及不小心受傷、身心俱疲的載宇，不是嗎？」

「是……」同學們有氣無力地回答。

「我們是為了支持朋友的夢想，同時也想要做公益，才開始這個計畫的吧？」

「對。」

「當然，股價上升的時候，大家會覺得好玩，加上可以捐更多錢，所以才更有意義，**但是股價不只會上漲，也有下跌的時候**。因此，擁有無人機社股票的同學們，老師希望你們不要說出或做出傷害載宇的話或行動。」

老師的雙眼掃過每一個孩子。

「好。」

那天，無人機社的股價下跌了 3 元。但是，沒有任何一個孩子責怪載宇。

我有想做的事了

晚飯時間，夏恩分享了當天在學校發生的事情。

「大家都好善良呢！那些持有無人機社股票的人應該也很難過吧。」媽媽說。

此時，已經吃飽的哥哥正看著手機，發出狂笑聲：「哇，哈哈哈！哈哈哈哈！」

「怎麼了？」

全家人一起轉頭看向哥哥。

「啊，太好笑了！哈哈哈哈！」

哥哥把手機畫面轉向家人，畫面中正在播放影

片，一名身材魁梧的男人頭上戴著可愛的頭飾，時而跟著小孩子喜歡的歌曲舞動身體，時而用可回收物品來製作玩具。

「沒有啦！這個人是我的朋友，每天都會在健身房運動3個小時。身材跟健美先生一樣，但他竟然主修兒童教育！之前還抱怨說這次作業是要拍攝影片，結果變成這樣……真是的，手臂粗得跟鍋蓋一樣，到底在幹什麼呀？噗哈哈哈哈！」

聽到哥哥的話，爸爸跟媽媽也笑了起來。

「想必這位朋友會成為韓國最有力氣的幼稚園老師吧！」

爸爸跟媽媽的注意力很快就轉移到別處，但是夏恩的目光卻無法從手機畫面上移開。

「你這麼認真在看什麼？」

「哥哥，裕丹很喜歡看這種影片。」

裕丹今年3歲，是夏恩唯一的表妹。

「什麼？裕丹喜歡肌肉男嗎？」

「不是啦，她喜歡那種一直播放歌曲跟律動的影

片，或是那種製作玩具的影片。應該也會喜歡這個影片吧？」

「原來小孩子真的喜歡這種類型的影片啊！」

「但是，哥哥，要製作出這種影片很困難嗎？」

「應該不簡單吧！聽說我朋友有學過影片剪輯的軟體哦。」

「我也想要做出這樣的影片，然後弄得再好看一點。」

聽完夏恩的一番話，哥哥不禁睜大了眼睛，爸爸媽媽也轉頭看向夏恩。看見家人出現這樣的反應，夏恩也驚訝地看著大家的臉。

「我們夏恩好像是第一次想要做什麼事情耶。」

對於媽媽的話，夏恩點了點頭。

夏恩的想法之所以產生變化，就是因為看見了熱衷於社團輔導課的朋友們。

後來，她陪著裕丹一起看影片、玩耍，一邊想著「這支影片要怎麼做出來呢？」、「燈光再亮一點就好了」，或是出現「字幕跑得慢一點就好了」的想法。

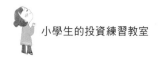

最後，想要自己拍影片的想法靜悄悄地萌芽。

「我本來還覺得夏恩有陪小孩子玩耍的天賦，結果現在有了自己想做的事情呢！想學什麼隨時跟爸爸說，爸爸會幫你。」

聽了爸爸的話，夏恩笑著點了點頭。

那天，夏恩去找了一些小孩子會喜歡的影片來看。此外，還找了製作影片需要學習哪些東西的資料。

最後，她查詢了製作兒童影片的相關公司有哪些、他們都在做什麼。感覺非常奇妙，心臟撲通撲通地跳動。

邁向終點的計畫

「哇，結果無人機社還是去參加比賽了！雖然他們不能參加足球比賽，但好像還是可以參加程式設計比賽。」

幾天後的早晨，比夏恩快一步跑去看通知欄的智語說。

「哦，太好了！聽說李載宇很會寫程式語言？」

聽了夏恩的話，智語點了點頭。這時老師走了進來，孩子們趕緊回到自己的座位上。

「各位同學，聽說載宇還打著石膏，但是還可以

參加無人機程式設計大賽。真是太好了，對吧？」

「對！」

「來，我們今天要來聊聊如何總結我們的夢想投資計畫。」

「這麼快就要結束了啊？」

正在分心做其他事的成珉嚇了一跳問。

「不，不是現在就要結束⋯⋯老師想要把至今為止的消息整理起來。我們一起來看看通知欄吧？大家都看過了嗎？」

「看過了！」

「所有課程結束後，每一門社團輔導課都會得到今年一整年活動的成果。」

老師回頭看了孩子們一眼，接著說：

「然後在 11 月 5 日，夢想投資計畫的股票交易就會完全結束。」

同學們都發出「啊⋯⋯」的嘆息，遺憾之情溢於言表。

「雖然股票交易會在當天結束，但我們的計畫還

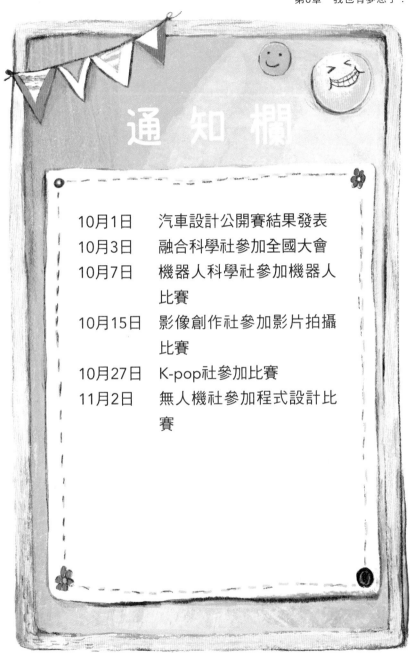

通 知 欄

10月1日	汽車設計公開賽結果發表
10月3日	融合科學社參加全國大會
10月7日	機器人科學社參加機器人比賽
10月15日	影像創作社參加影片拍攝比賽
10月27日	K-pop社參加比賽
11月2日	無人機社參加程式設計比賽

有其他事情要做。各位同學，那會是什麼事呢？」

「捐款！」同學們異口同聲地喊。

「沒錯！交易結束之後，每一門社團輔導課都會召開股東大會。然後，大家會在那時決定好要捐款的機構，最後股東們一起拍照紀念。怎麼樣，很令人開心吧？」

「開心！」

「所以，老師希望大家能一直關心夢想投資計畫，直到夢想投資計畫順利結束！」

「好！」所有人齊聲高喊。

幾天之後，道允在汽車設計徵稿活動中拿到了銀牌，四年級的多媛則獲得銅牌，因此，投資影像創作社的同學們得到果凍及棒棒糖做為股利。為了準備比賽而停止跟哥哥一起念書的溫瑟，在全國大賽上獲得了安慰獎。雖然大家都在恭喜他，但溫瑟表示自己並不滿意這個結果，然後咬牙說：「上了國中後，我一

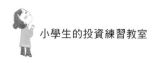

定要繼續參加比賽。」

又過了幾天，終於迎來了藝書參加機器人比賽的日子。

「比賽還沒結束嗎？怎麼都沒有消息呢？」

補習班下課之後，夏恩和智語都沒有直接回家，兩人坐在公園遊樂場的盪鞦韆上等待著藝書的消息。不知道是不是比賽結束得比上次晚，一直到太陽下山為止，兩人也沒有收到藝書任何聯絡。

「啊，好緊張啊！」夏恩縮著肩膀說。

就在這時候，夏恩和智語的手機同時響了起來。

「來了！」

夏恩和智語趕緊拿起手機來看。

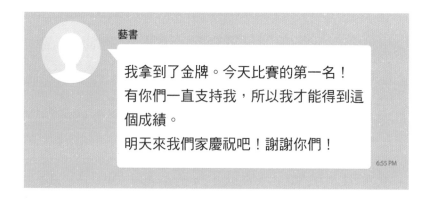

藝書

我拿到了金牌。今天比賽的第一名！
有你們一直支持我，所以我才能得到這個成績。
明天來我們家慶祝吧！謝謝你們！

6:55 PM

「啊啊！」

夏恩和智語握著彼此的手，大聲歡呼了起來。雖然路過的行人似乎拋來異樣的眼光，但這對她們來說一點都不重要。

隔天放學後，夏恩、智語及藝書一起前往藝書的家。她們一邊吃著藝書爸爸媽媽準備的蛋糕、披薩和炸雞，一邊開心地聊天玩耍，笑得肚子發疼。

跟計畫一起成長的夢想

「各位同學,夢想投資計畫也快要結束了。這段
時間大家覺得怎麼樣?好玩嗎?」

午飯時間,老師環顧著同學們問。

「好玩!」大家異口同聲地回答。

「在進行這個計畫的過程中,有沒有同學有特殊
的感想,或者產生了特別的變化?」

對於老師的這個問題,成珉立刻舉起了手。

「老師,我請爸爸幫我下載了模擬投資股票的
APP,然後嘗試投資了股票。」

「哦，結果如何呢？」

「啊，那個……我買的股票上漲了 2,000 元左右。」

同學們都發出「哇」的驚嘆聲，老師也笑著拍手稱道。

「老師，真的買股票的時候，我們也可以像現在這樣，只買少少的 1 股、2 股嗎？」世恩舉起手問。

「當然了。不管是買 1 股還是買 100 股，都沒問題哦。」

「但是，只買一點點的話，感覺有點害羞。」

「**千萬不要這麼想哦！投資股票的金額越大，危險也就越大。所以，等我們累積了實力之後，再慢慢增加投資金額，這樣會更好哦！**」

溫瑟忽然舉起了手。

「老師！我爸爸說，等我上了國中以後會幫我開證券戶。」

「那溫瑟就可以成為真正的股東了呢！」

「就算不是大人，也可以開證券戶嗎？」多燕歪

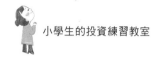

著頭問。

「可以啊！不過你們不能隨便開戶，必須先跟爸爸媽媽商量，準備好需要的文件。」

老師再次看向溫瑟，問：

「溫瑟，如果開好了證券戶，你想要投資哪一家企業呢？」

面對老師的提問，溫瑟說會拿出自己所有的知識，將全部優秀企業的股票都買下來。

「哦，溫瑟都計畫好了啊！」

老師的這句話讓孩子們哄堂大笑。

「喂，聽說你想去美國的公司工作？」夏恩對溫瑟問。

「又不是現在就要去！而且你知道嗎？也可能會有韓國的企業想要像我這樣優秀的人才啊！」

聽了溫瑟的話，老師和孩子們都笑了。

「呿，還真的是裝模作樣的大魔王。」

夏恩嘟著嘴對智語竊竊私語。

「好，大家還有什麼話要說嗎？這是由老師開始

的計畫，所以希望可以聽聽同學們的心得。」

聽到老師的話，道允舉起了手。

「哦！是影像創作社的明星道允！」

道允微笑著說：「多虧了朋友們，我才能更加努力。我以前一直以為，只有我們成員自己在努力，但自從這個計畫開始之後，同學們都很關心影像創作社的事，表現好的時候會稱讚我們，也常常鼓勵我們。所以，我們才可以更快樂地完成活動。」

「對啊，我們融合科學社也是這樣。」

「無人機社也是！最重要的是可以捐款，所以我們都很開心！大家也都說這個計畫很讚！」

溫瑟和載宇輪流說。

「還有其他人要說嗎？在進行這個計畫的過程中，有什麼變化啊，有什麼感受啊……」

這時，智語握住夏恩的手猛然舉了起來。

「老師，夏恩有話要說。」

夏恩輕輕瞪了智語一眼。夏恩跟智語、藝書一起聊天時，曾經講過關於拍影片的事，智語似乎就是希

望夏恩分享這件事。

　　「好啊，夏恩來說說看吧？」

　　「啊，我……」

　　夏恩想了一下子，接著說：

「我跟智語一起去參觀社團輔導課的時候，很羨慕那些努力學習的同學。我以前沒有什麼特別想做的事情，但是現在我也有了想做的事情。」

「這是很值得慶祝的事情耶！夏恩，你能告訴老師，你想做什麼事情嗎？」

老師用相較於以往，格外大聲的音量詢問。

「我想製作小孩子會喜歡的影片。」

「像《鯊魚寶寶》這類的影片嗎？」

夏恩點了點頭。

「對。小孩子喜歡這種出現卡通角色的短片，也喜歡重複單純動作的音樂或律動影片。另外，他們也很喜歡製作玩具或玩玩具的影片。我想創作出那種影片，或是創作出小孩子可以一起參與的內容。」

「哦，夏恩講到自己喜歡的話題，話就變多了呢！之前一直都很安靜。」

老師吃驚地說。夏恩的臉馬上變得紅通通。

「老師，夏恩說想要在迪士尼工作。所以，她正在努力學習英語。」

「哇，迪士尼很棒啊！我有即將在特斯拉工作的徒弟，也有即將在迪士尼工作的徒弟，我還真是幸福啊！以後老師去美國旅行，就要拜託大家幫老師導覽囉！」

這時，溫瑟舉起手並大聲說：

「老師不用擔心！等我以後進了美國公司，一定會邀請老師來參觀！」

「一定要遵守這個約定哦！哈哈哈！」

老師的臉上露出明亮的笑容。與此同時，傳來了午休時間結束的鐘響。

抬頭挺胸的夏恩

「夏恩啊，這個計畫結束之後，如果召開了股東大會，你會想要捐款到哪裡啊？」

放學後，前往英語補習班的路上，智語向夏恩問道。

「兒童基金會或動物保護中心。」

「哦，果然……藝書你呢？」

這次智語問了藝書。

「我也是動物保護中心。因為我們家的貓是在動物保護中心收養的嘛！」

「哇，那在機器人科學社的股東大會上，你們的2 票就會投給動物保護中心了！」

聽到智語的話，藝書和夏恩都點了點頭。

「啊，不過聽到夢想投資計畫要結束了，感覺好空虛哦。真的很好玩，我很喜歡。」

智語的這番話讓藝書也點頭同意。

「我也是……對我來說最重要的是，能和你們像以前一樣相處，都是多虧了這個計畫，這是最棒的一點。」

藝書有些不好意思，低頭看著地面說。

「我也是啊！之前，我就像三明治裡的生菜一樣，被夾在你們兩個中間。你們兩邊都把我壓得緊緊的，我整個人都被壓扁了。」

智語一邊說，一雙手掌緊緊合在一起。

「但是，最讓我驚訝的是夏恩。」

聽到智語的話，藝書也點了點頭，夏恩則雙眼圓睜，歪著頭表示不解。

「我？為什麼？」

「從幼稚園開始，我跟你就是好朋友，這是第一次聽到你有想做的事情。還有，該怎麼說呢？說話的時候聲音也變得比較大聲⋯⋯」

智語還在思考下一句話的時候，藝書便接著說：

「你變得抬頭挺胸了，很有自信⋯⋯」

「對，就是這句成語。你變得抬頭挺胸了，沒想到你還有這種樣貌，我真的嚇了一跳。」

智語勾著夏恩的手臂搖晃，笑容滿面地說。

三人一起走在狹窄的小巷子裡，如同秋天落葉般的歡聲笑語漸漸遠去。

故事館 故事館 050

小學生的投資練習教室
12 歲，開始學股票
열두 살 주식왕 : 교실 속 재밌는 이야기로 배우는 경제와 투자

作　　　　者	全芝恩（전지은）
繪　　　　者	高恩枝（고은지）
譯　　　　者	郭宸瑋
審　　　　定	玉孝珍（옥효진）
封 面 設 計	FE 工作室
內 頁 設 計	點點設計
主　　　　編	陳如翎
出版二部總編輯	林俊安

出 版 發 行	采實文化事業股份有限公司
業 務 發 行	張世明・林踏欣・林坤蓉・王貞玉
國 際 版 權	施維真・劉靜茹
印 務 採 購	曾玉霞・莊玉鳳
會 計 行 政	李韶婉・許俛瑀・張婕莛
法 律 顧 問	第一國際法律事務所　余淑杏律師
電 子 信 箱	acme@acmebook.com.tw
采 實 官 網	www.acmebook.com.tw
采 實 臉 書	www.facebook.com/acmebook01

I S B N	978-626-349-648-4
定　　　價	380 元
初 版 一 刷	2024 年 5 月
劃 撥 帳 號	50148859
劃 撥 戶 名	采實文化事業股份有限公司
	104 台北市中山區南京東路二段 95 號 9 樓
	電話：(02)2511-9798　傳真：(02)2571-3298

國家圖書館出版品預行編目資料

小學生的投資練習教室：12 歲, 開始學股票 / 全芝恩著；高恩枝繪；郭
宸瑋譯. -- 初版. -- 台北市：采實文化事業股份有限公司, 2024.05
224 面；14.8*21 公分. -- [故事館；50]
譯自：열두 살 주식왕 : 교실 속 재밌는 이야기로 배우는 경제와 투자
ISBN 978-626-349-648-4[平裝]
1.CST: 股票投資 2.CST: 兒童教育 3.CST: 通俗作品
563.53　　　　　　　　　　　　　　　　　　113004589

Original Title: 열두 살 주식왕
Twelve-Year-Old Kings of Stocks written by Jeon Jee-eun, illustrated by Ko Eun-ji
Text Copyright © 2022 Jeon Jee-eun
Illustration Copyright © 2022 Gilbut Publishing Co., Ltd.
Original Korean edition published by Gilbut Publishing Co., Ltd., Seoul, Korea
Traditional Chinese Translation Copyright © 2024 by ACME Publishing Group
This Traditional Chinese Language edition published by arranged with Gilbut Publishing Co., Ltd.
through MJ Agency
No part of this publication may be reproduced, stored in a retrieval system, or transmitted by
any rneans, electronic, mechanical, photocopying, recording or otherwise, without the prior
permission of the copyright holder.
All rights reserved.

采實出版集團
ACME PUBLISHING GROUP
版權所有，未經同意不得
重製、轉載、翻印

故事館

故事館